周锡冰 / 著

农夫山泉传

中华工商联合出版社

图书在版编目（CIP）数据

农夫山泉传 / 周锡冰著. -- 北京：中华工商联合出版社, 2025. 1. -- ISBN 978-7-5158-3946-2

Ⅰ.①F426.82

中国国家版本馆CIP数据核字第202418UE84号

农夫山泉传

作　　者：	周锡冰
出 品 人：	刘　刚
责任编辑：	于建廷　效慧辉
装帧设计：	周　源
责任审读：	傅德华
责任印制：	陈德松
出版发行：	中华工商联合出版社有限责任公司
印　　刷：	三河市宏盛印务有限公司
版　　次：	2025年3月第1版
印　　次：	2025年3月第1次印刷
开　　本：	787mm×1092mm　1/16
字　　数：	240千字
印　　张：	14.5
书　　号：	ISBN 978-7-5158-3946-2
定　　价：	58.00元

服务热线：010-58301130-0（前台）
销售热线：010-58301132（发行部）
　　　　　010-58302977（网络部）
　　　　　010-58302837（馆配部）
　　　　　010-58302813（团购部）

工商联版图书
版权所有　侵权必究

地址邮编：北京市西城区西环广场A座
　　　　　19-20层，100044
http://www.chgslcbs.cn
投稿热线：010-58302907（总编室）
投稿邮箱：1621239583@qq.com

凡本社图书出现印装质量问题，
请与印务部联系。
联系电话：010-58302915

水利万物而不争，而万物莫能与之争

目录

绪　论 //001

　　梦想改变命运 //005
　　洪孟学为啥出走 //007

第1章
翱翔商海 //011

　　辞职下海 //014
　　祸兮，福之所伏 //029
　　涉足水市场 //039

第2章
价值创新 //043

　　创造产品 //046
　　发现水市蓝海 //052
　　凸显品牌个性 //059

第 3 章
产品双引擎 //063

深耕包装饮用水 //066
拓展饮料板块 //070

第 4 章
研发造就技术壁垒 //075

多元化产品矩阵研发 //078
走慢路，抢先机 //083

第 5 章
经销网络深度下沉 //091

经销模式为主导 //094
强化渠道铺陈和终端管控 //098

第 6 章
传递品牌主张 //107

产品和广告都是连在一起的 //110
强大的品牌传播能力 //115
品牌塑造是一个长期过程 //121

目 录

第7章
赋能数字化 //125

数字化转型 //128
启动数字化供应链 //137

第8章
成本管控精细化 //145

控制并降低成本 //148
控制生产边际成本 //154
精细化库存管理 //159

第9章
注重产品装帧设计 //167

承载产品附加值 //170
注重产品装帧设计 //173

第10章
深耕体育营销 //179

拉开体育营销的幕布 //182
把商业广告和公益广告合二为一 //186

第11章
登陆港交所 //191

农夫山泉的上市需求 //194
上市的融资动因 //199

第12章
蝉联中国首富 //205

成为中国首富 //208
高光与低调 //212

后　记 //218

参考文献 //221

绪 论

2024年3月25日,胡润研究院发布《2024胡润全球富豪榜》,70岁的农夫山泉股份有限公司董事长兼总经理、养生堂有限公司董事长钟睒睒以4500亿元连续第四次成为中国首富,排名全球第21位。

在长篇累牍的媒体报道中,"小学五年级""辍学""泥瓦工""木工""记者""下海""首富"几个标签非常醒目,然而,对于钟睒睒的过往,媒体报道着墨不多,寥寥几笔。

拉开中国企业家的创业幕布,包括这位多次登顶中国富豪榜的企业家,开场白似乎多是以悲情的方式展开。

20世纪80年代,当领导派遣张瑞敏赴任青岛电冰箱总厂担任厂长时,张瑞敏没有像之前的厂长一样畏难前行,而是敢于担当,解救青岛电冰箱总厂于水火之中。

20世纪80年代,任正非被骗,导致200万元货款无法追回,不得不离开单位开始自己的创业之路。

这样的故事不胜枚举,似乎在告诉读者,创业人人都可以,但是要想取得成功,将是九死一生,绝不是单纯的人脉和运气那么简单。

经过多年的创业生死之战后,一群企业家步入全球企业家舞台,与世界500强企业经营者参与市场竞争,书写了一个又一个的商业传奇。

这样的英雄集聚，或者说群体性英雄的出现，自然与时代的变革休戚相关。在热播的电视剧《亮剑》中，就有相关的英雄集体出现的描述："英雄或优秀军人的出现，往往是由集体形式出现而不是由个体形式出现，理由很简单，他们受到同样传统的影响，养成了同样的性格和气质。"[1]

更为重要的是，两者互为支撑，推动着社会的发展。《经济观察报》的数据披露，自改革开放以来，中国民营经济从小到大、从弱到强，不断发展壮大。概括起来，民营经济具有"五六七八九"的特征，即贡献了50%以上的税收，60%以上的国内生产总值，70%以上的技术创新成果，80%以上的城镇劳动就业，90%以上的企业数量。截至2023年底，全国登记在册经营主体1.84亿户，其中个体工商户达1.24亿户。

民营经济具有"五六七八九"的特征可以说明，群体性英雄如雨后春笋般层出不穷，源于企业家所处时代的多重因素叠加。大时代缔造了英雄，商业英雄更是如此。正如学者崔传刚所言："一家企业的成功固然不能缺少优秀个人的牵引，但归根结底却在于它是否生逢其时。一棵好苗子只有遇到了适合它的土壤和气候条件才能长成参天大树。一个好的时代，可以为企业的发展提供优越的制度条件和资源条件，更可以为其创造出充足的需求。一位成功的企业家、一家成功的企业也必须依托于伟大的时代背景。"

张瑞敏、任正非等企业家在接受媒体采访或者公开讲话时的内容与崔传刚的观点相互印证。2018年12月18日，当被授予改革先锋称号，颁授改革先锋奖章，并获评注重企业管理创新优秀企业家时，张

---

[1] 都梁.亮剑[M].武汉：长江文艺出版社，2010：354-355.

瑞敏说："没有改革开放，就没有今天的海尔，也没有今天的张瑞敏。我是一个非常普通的人，是改革开放赋予每个人勇气，让每一个人把活力充分发挥出来。"①

随着改革开放的深化和经济全球化，中国已经成为全球化市场的一部分，中国企业只有参与全球市场，才能提升自身的竞争力。在全球化的过程中，中国已经走在前列。2001年加入世界贸易组织后，国家鼓励企业"走出去"。张瑞敏说："海尔结合自身实际，再一次抓住机遇，加快了开放步伐，提出'走出去、走进去、走上去'的三步走战略：走出去，就是出国创牌；走进去，就是成为本土化企业；走上去，就是成为当地的世界名牌。"

改革开放才是中国企业家，尤其是民营企业家群体性存在的关键原因。1978年5月11日，《光明日报》头版刊发特约评论员文章《实践是检验真理的唯一标准》。文章提出，检验真理的标准只能是社会实践，任何理论都要不断接受实践的检验。由此引发了一场关于真理标准问题的大讨论。这场讨论为改革开放拉开了思想解放的序幕，同时也给正在或者即将登上历史舞台的企业家提供了一个实现自我价值的机会。

与此同时，企业家时代在"关于世界经济变革问题"的讨论会上作为重要内容被提出，内外两个因素共同促进了中国企业家群体的崛起。1985年年初，欧洲货币基金会主办了一场规模宏大的"关于世界经济变革问题"的讨论会。会上，700多名政治家、实业家、银行家发表了自己的见解，虽然在许多问题上存在严重的分歧，但有些认识却是一致的，即"世界正处在一个新时代的开端，这个时代可称之为

---

① 张瑞敏："没有改革开放，就没有今天的海尔"[N].经济日报，2019-10-20.

企业家时代""企业家将由此开辟更为繁荣的道路"。①

毫不夸张地说，1978年，无论对于浙商、闽商、粤商等商界，还是中国民营经济都是一个重要的历史节点。那些躁动和不安裹挟着不同的人群，一些不满足于自己生活状态的人们在冰冻的"早春时节"敏锐地觉察到创业春天的来临，风起云涌的创业热潮犹如潮水一般涌向岸边，时代际遇与"数风流人物，还看今朝"的创业人碰撞到一起，上演了璀璨夺目的大剧。

这时的钟睒睒打破"铁饭碗"，毅然"辞职"下海，开始了自己的创业之路。

1954年12月1日，钟睒睒出生在浙江杭州，父亲钟旭我以"杨翼"的名字工作和学习，又称"钟杨翼"（后文中称杨翼）。

钟睒睒的命运随着父亲杨翼的人生轨迹而跌宕起伏。当杨翼遭遇困境时，钟睒睒也随之颠沛流离。时代赋予了一代又一代人不同的使命，同时也催生了各自的悲喜交替。在这样的境遇里，个人的些许挣扎往往显得那么不堪一击。这个道理钟睒睒年仅10岁时就深有体会——由于不可抗因素，钟睒睒被迫跟着父母来到诸暨农村，开始了自己的农村生活。

由于钟睒睒很少接受媒体采访，关于钟睒睒的童年，鲜有资料记述。据《南方周末》的披露："只读了小学五年级就被迫在'文革'时辍学的钟睒睒，其间学习过泥瓦匠，干过木工。"

---

① 张维迎，盛斌.企业家[M].上海：上海人民出版社，2014：06-08.

梦想改变命运

1977年，钟睒睒已经23岁，如果没有后来的回杭和改革开放，钟睒睒可能在诸暨农村做一个泥瓦匠或者木匠。但是，经历了一番挫折之后，命运给钟睒睒打开了一扇幸运之窗。

1977年，政府决定恢复高考制度。对此，有人这样评价："1977年，高考恢复，彼时的高考犹如一条无形的栈桥，桥另一端的生活很美好。"

关于高考制度，1952年就已经确立；1966年，高考中断；1977年，"停摆"了十年之久的高考再度启航。关于这段历史，《人民政协报》做了相关报道："1977年8月4日，邓小平在人民大会堂亲自主持召开了由几十位全国各地的著名科学家、教授以及科学和教育部门负责人参加的座谈会。邓小平决定恢复中断10年之久的高考制度。"

1977年10月12日，国务院批转了《关于1977年高等学校招生工作的意见》，正式决定从当年起，恢复高考，采取自愿报名、统一考试、择优录取的办法。

新的招生文件在三个方面有所突破。

第一，改变录取比例，扩大招生范围；

第二，放宽招生年龄、婚姻限制；

第三，修改烦琐的政审条件，实行择优录取；

高考的恢复，改变了成千上万人的命运。

1977年11月28日至12月25日，钟睒睒和妹妹钟晓晓一起报名参加高考，当年与他们一起参加考试的人数有570多万，且年龄参差不齐。与此同时，由于多年没有举办高考，当年高考录取竞争激烈。

但是对于钟睒睒来讲，由于他只上过小学五年级，考大学是一件异常艰难的事情。据钟睒睒少年时的好友作家梅芷回忆，1977年恢复高考时，虽然连最基础的代数知识都不懂，但钟睒睒依然坚持参加高考。① 随后接连高考了两年，钟睒睒都是名落孙山。每次离最低录取线还差二十多分。

当钟睒睒意识到无法走通高考的道路时，他就放弃了这条独木桥。欣喜的是，另外的路正在等着钟睒睒。1979年2月，中央广播电视大学和28所省市广播电视大学同时开学，简称"电大"。

恢复高考时，钟睒睒的基础知识储备不足，屡试不中，但他没有放弃学业，而是选择去电大继续学习。就这样，钟睒睒成为浙江广播电视大学（现浙江开放大学）的第一批学生。

根据学者何加盐撰写的文章披露，钟睒睒选择的专业是汉语言文学，这应该是他后来参加工作选择从文的原因。

---

① 吕明合."饿狼"农夫，"独狼"钟睒睒［N］.南方周末.

洪孟学为啥出走

在电大学习期间，钟睒睒先是在浙江省文联就职，主要负责基建管理工作。其后，钟睒睒到《江南》杂志社当编辑。

1983年，钟睒睒通过考试成为《浙江日报》的一名记者。与钟睒睒同年进入浙江日报社的老记者陈平（应受访者要求，文中"陈平"为化名）在接受《中国经济周刊》记者采访时回忆说："我记得钟睒睒是1984年春天正式进报社的，他属于社会招考的员工，在社会上摔打过，有社会经验，和从学校毕业后直接进入报社的记者不一样。他稿子写得不错，做事认真专注，有行动力，积极上进。在报社时，他们部门还请了报社的外事记者给他们上英语课，一边工作写稿，一边学习充电。"[①]

在浙江日报社，钟睒睒开始步入正轨，他的商业潜能也被逐步激发出来。

1985年1月4日，作为记者的钟睒睒声名远扬，他撰写的一篇深度报道名叫《洪孟学为啥出走？》刊发在《浙江日报》头版头条上，总编辑社评推荐，并配发评论员文章《洪孟学出走说明了什么？》，见图1。《人民日报》为此发专文评论。

在《洪孟学为啥出走？》这篇报道中，主人公洪孟学，原是浙江省杭州粮油化工厂的科技人员，有较高的科研水平，因其自学成才，甚至还曾在全国性的学术刊物上发表过论文。然而，洪孟学重要的科

---

① 陈一良.钟睒睒"一瓶水"造就新首富[J].中国经济周刊，2020（12）：102-103.

研成果得不到单位的认可。

图1　《洪孟学为啥出走？》报样

来源：浙江新闻客户端

1981年，全国第三届淀粉糖会议通过的"全国饴糖质量标准"试行草案，就是由洪孟学执笔修订的。尽管如此，洪孟学觉得自己有志于报效企业的拳拳之心无人问津和赏识。无奈之下，洪孟学离职了。

这篇报道在当时引起了强烈的反响，甚至还有不少读者纷纷致信《浙江日报》讨论，以致于《浙江日报》专门开辟了"识才、爱才、用才——《洪孟学为啥出走？》读后感"专栏，连发了十几期读者的来信。

"洪孟学现象"犹如一枚重磅炸弹，给当时迷惘的人才出路轰开了一个缺口。成千上万的与洪孟学有类似经历的人冲破"一潭死水"，采取辞职或者停薪留职的方式，奔赴乡镇企业，寻找另一番天地。

《洪孟学为啥出走？》的爆红，使钟睒睒顺理成章地成为20世纪80年代影响力较大的日报记者之一。有学者做过这样的假设："钟睒睒如果在媒体行业一直做下去，前途应该会很不错。"但是，通过不断地采访各行各业的精英人才，钟睒睒的视野已经豁然开朗。

在就职《浙江日报》5年的时间里，钟睒睒前后跑了80多个县市，采访了多名企业家，这段经历让他开阔了视野，也积累了人脉。[①]由此，钟睒睒得以深入了解各行各业，甚至还与一些采访对象成为无话不谈的朋友。日后，有的人成为他事业的合作伙伴，其中就包括曾经出走的洪孟学。

---

① 陈一良.钟睒睒"一瓶水"造就新首富[J].中国经济周刊，2020（12）：102–103.

第1章

翱翔商海

第1章　翱翔商海

　　我认为最重要的标准是产品的真实性，以及产品给消费者带来的真实利益。这是最重要的，任何人都跨越不了。哪怕最好的广告，只要你的产品不能给消费者带来利益，也就是你这个过程本身，就有欺骗消费者的成分，你不诚实，没有把产品的利益真实地描述给消费者，一夜暴富，明天摔下来更惨。"水能载舟，亦能覆舟"也是这个道理。

——农夫山泉创始人　钟睒睒

辞职下海

《洪孟学为啥出走？》之所以一石激起千层浪，一个非常重要的原因是，在计划经济时期，政府始终扮演着重要的角色。正因为如此，崔传刚写道："没有所谓的马云时代，只有时代中的马云。只有抓住了时代机遇的个人才有可能发挥出最大的潜力，无论是马云、马化腾、马斯克，还是我们每一个普通人，概莫能外。因此，盲目的崇拜很难带来成功，认清个人成功与时代的关系，找准方向并付诸行动，才是获得成功的根本。"

崔传刚的理由是："伟大的企业家需要伟大的时代，伟大的时代缔造伟大的企业家。每一个时代的企业家，都有着自己的时代注脚，有着自己的时代使命。当下中国正在继续改进各项制度，打造更好的基础设施，为创新创业创造更多便利。我们相信，只要企业家们能够认清这个时代，积极拥抱机遇，抓住当下机遇，未来的中国一定能够诞生更多的伟大企业和企业家。"

由此可见，政府的影响力不言而喻。让钟睒睒敢于打破体制的禁锢勇闯商海，最关键的原因是，经商政策的解冻。一大批由教授、科学家等组成的企业家队伍登上历史的舞台。

自1978年以来，中国在经济、政治、文化等各个领域发生了巨大的变化，最直接的就是在沿海建立经济特区。1980年8月26日，第五届全国人大常委会第15次会议决定，批准国务院提出的决定在广东省的深圳、珠海、汕头和福建省的厦门建立经济特区。这4个特区的总面积为526.26平方公里，实行不同的管理体制，兴办以中外合资、合作经营企业、外商独资企业为主，多种经济并存的综合企业。

1980年8月26日，第五届全国人民代表大会常务委员会第十五次会议决定：批准国务院提出的《广东省经济特区条例》。

特区的特点主要体现在："特区鼓励客商及其公司投资设厂或与我方合资设厂、兴办企业和其他工业，并在税收、金融、土地和劳动工资等方面予以适当的优惠条件。"即承认合资、外资企业的存在，开启了外资或者合资经济的引擎。

随后，作为经济特区的深圳又颁布了相关的允许经商的文件。1987年，作为改革开放试验田的深圳，继续着自己的进一步探索。深圳市人民政府大胆地鼓励民间科研人员创业，甚至还颁发"《深圳市人民政府关于鼓励科技人员兴办民间科技企业的暂行规定》的通知"（俗称"18号文件"，以下简称"《暂行规定》"）。

《暂行规定》专门明确了"民间科技企业"，开创了中国民营科技企业的先河。所谓"民间科技企业"，是指科技人员自愿联合投资、从事科技开发及有关生产、销售、咨询服务等经营活动的企业。

该文件的出台，明晰了民营企业的产权问题，拉开了中国科技企业追赶欧美等跨国企业，并与之争相斗艳的大幕。在此之前，中国科学院正研究员（教授级）陈春先因公赴美，在1978年—1981年三次考察后，近距离地感受到美国"硅谷"模式的先进，陈春先相继提出了"科技成果扩散试验"，探索加快科技转化为生产力的新路，在中关村建立"中国硅谷"等具有前瞻性的建设主张。

此后，陈春先率先将自己的设想付诸实施。1981年10月23日，在向北京市科协借来100元的基础上，陈春先等人带领十几个中国科学院的学术骨干办起了中关村第一个民营科技实体——北京等离子体学会先进技术发展服务部，简称"先进技术发展服务部"。先进技发展服务部主要业务是做技术咨询，由于服务到位，很快就赚到3万元。陈春先把赚到的钱发给服务部的人作为津贴，按当时的工资标准，相当于涨了两级工资。一方面，市场化的服务部能够赚取每年两三万元的销售收入，发给业务骨干每月的津贴不菲；另一方面，陈春先的实验激活了当时知识分子的自我实现激情。"我可以忍受清贫，但不能忍受自己碌碌无为、虚度时光。"联想创始人柳传志在接受媒体采访时曾说。

正当陈春先的"实验"如火如荼地开展时，陈春先的市场化运作与分配方式打破了传统科研体制的利益链条，甚至有些"水火难容"。前所未有的质疑让陈春先和他创建的"北京等离子体学会先进技术发展服务部"成为炮轰的着弹点——"不务正业""歪门邪道"。

在改革开放初期，陈春先和他的先进技术发展服务部陷入了僵局，举步维艰。

1983年，新华社记者在一份题为《研究员陈春先搞"新技术扩散"试验初见成效》的文章中写道："陈春先搞科研成果、新技术扩散试验，却遭到反对，使该所进行这项试验的人员思想负担很重，严重地影响了他们继续试验的积极性。"

此文引起了领导层的高度重视，认为陈春先的做法正确，应予鼓励。陈春先由此被誉为"中关村民营科技第一人"。

陈春先的实践鼓舞了更多的人投身改革开放浪潮。为了吸引更多的科技人才，深圳市通过多渠道来实现，其中就包括制定相关的政策文件。在这样的背景下，深圳市颁发《暂行规定》，试图更好地探索改革开放。

当查阅到这份签署于1987年2月4日、纸张早已泛黄的文件时，我们仿佛能够感受到当年春风化雨时的激动人心。该文件的正式落地，是"科技是第一生产力"的指导思想走进现实的生动写照。文件中明确指出："除了资金，商标、专利、技术等无形资产同样可以入股办企业，而且不受员工人数的限制。"

这样的突破几乎是颠覆性的。在直接参与全国，甚至全球的竞争中，深圳经济特区已经渐渐地认识到，落后的科研水平很难与其他企业在面对面的较量中获胜。

当看清自己的劣势后，深圳市决定发展自己的工业体系，尤其是促进科研与生产的直接结合。于是，深圳市大胆地改革当时僵化的制度，适时地出台了被称为"18号文件"的《暂行规定》。正是这份后来被誉为中国首份民营科技企业的"准生证"，为深圳成为"创新之城"打下坚实的基础。此外，在大批科技人才聚集深圳的同时，一大批中国企业家在深圳这个舞台上展现自我价值的梦想由此启航。

多年后，如雷贯耳的华为公司创始人任正非直言，正是看到这份文件，他才创建了华为。2015年，任正非出席达沃斯对话，回顾创业之路时说："根据深圳（19）87年（18）号文件，可以创立民间科技企业，就走上这条路。觉得通信市场这么大、这么多，我搞个小产品总有机会吧？但是通信产品只要有一个指标不合格，就是废品。通信是全程全网的，一个指标不合适会导致与世界通信不通，这样严苛的技术标准对小公司极其残酷的。我们付出了很大的代价，才生存下来。只有向前，才有出路。"

2016年5月，在接受媒体专访时，任正非坦言，华为的成功源于《暂行规定》的实施，源于改革开放政策。究其原因，没有改革开放的大背景，也不可能有创业平台。任正非坦言："华为的发展得益于国家政治大环境和深圳经济小环境的改变，如果没有改革开放，就没有我们的发展。《暂行规定》明晰了民营企业产权。没有这个文件，我们不会创建华为。"①

梳理发现,在多个场合下,任正非都直言,改革开放,尤其是深圳"18号文件",是决定创建华为的关键性因素。当深圳披荆斩棘大胆前行时,海南经济特区迎来了新篇章。

1988年4月13日,第七届全国人民代表大会第一次会议以举手表决方式通过决议撤销广东省海南行政区,设立海南省,划定海南岛为海南经济特区。

关于建立海南经济特区,1988年4月14日,《人民日报》第二版刊登了"决议"内容。

关于建立海南经济特区的决议

第七届全国人民代表大会第一次会议审议了国务院关于建立海南经济特区的议案,决定:

一、划定海南岛为海南经济特区。

二、授权海南省人民代表大会及其常务委员会,根据海南经济特区的具体情况和实际需要,遵循国家有关法律、全国人民代表大会及其常务委员会有关决定和国务院有关行政法规的原则制定法规,在海南经济特区实施,并报全国人民代表大会常务委员会和国务院备案。

当全国人大通过了国务院关于设立海南经济特区的议案后,大量的资金和优惠的政策迅速向这个海岛倾斜。一时之间,"去海南淘金"成为一股风潮。冯仑、陈峰、陈邦等人,都是在那时到的海南。当

---

① 赵东辉,李斌,刘诗平等. "28年只对准一个城墙口冲锋"——与任正非面对面[J]. 决策探索,2016(11):86-87.

时，海南的种种新闻，也是《浙江日报》报道的重点。钟睒睒每天看着《浙江日报》上刊登的海南热火朝天建设的新闻，自己也激动得热血澎湃。终于，他坐不住了，向报社提出了辞职。

关于钟睒睒的创业，《中国经济周刊》是这样报道的："1988年，海南设立经济特区，社会上掀起一股下海潮，钟睒睒离开《浙江日报》南下海南创业。"[①]

就这样，钟睒睒也成为创业大军中的一员，翱翔在商海之中。当星光闪耀的钟睒睒提出辞职的时候，《浙江日报》的高层领导左右为难：一是在"铁饭碗"盛行的当时，裸辞的记者少之又少，相当于放弃一个"金饭碗"而自谋生路。二是钟睒睒是在当时报业界不可多得的人才，领导有意培养其成为报社栋梁。只是鉴于钟睒睒去意已决，《浙江日报》领导把他当作人才合理流动的问题来看待。1988年4月，钟睒睒递交辞职信"下海"，成为浙江新闻记者圈"下海"的第一人。

在创业大潮中，从记者转行成为企业家的人如滚雪球一样壮大：龙湖地产创始人吴亚军，曾短暂供职《中国市容报》，做采编工作，期间认识了不少人，也为她后来从事房地产起到了作用；知乎创始人周源，2005年前后曾在《IT经理世界》杂志做记者；摩拜创始人胡玮炜，曾在《每日经济新闻》做汽车行业记者，后来还在新京报、极客公园担任过记者，2014年创办摩拜共享单车；李勇曾在《工人日报》《财经》《南方周末》以及《环球企业家》等媒体做过财经记者，2005年加入网易担任总编辑，2012年从网易辞职创办了猿题库，就是后来的猿辅导公司；IDG资本董事长熊晓鸽曾在全球出版巨头卡纳斯公司工作，职位是记者，采访的阵地是硅谷……

---

① 陈一良.钟睒睒"一瓶水"造就新首富[J].中国经济周刊，2020（12）：102–103.

研究发现，有过媒体经历的创始人都有一个共同特点——拥有敏锐的嗅觉和准确的判断力。对此，钟睒睒总结道："一个小企业要发展壮大，它所经营的种类必须具有唯一性，而且必须是暴利的，因为没有规模效应来供你慢慢积累。"

20世纪80年代，改革开放如火如荼。带着美好的憧憬，尤其是新闻人特有的使命，钟睒睒将创建媒体作为自己的创业方向，并且把报社办公地址设在高档涉外星级酒店里。

对于这段往事，学者李公羽在南海网介绍了钟睒睒当初的办报经历："20世纪80年代，作为海南第一批挂三星的高档涉外星级酒店，海口市机场西路8号南天大酒店是当之无愧的地标性建筑。酒店303室，一间普通的客房，在1989年7月1日星期六这一天，第一次被印刷在一张国内外公开发行的对开大报的报尾，成为报社地址。国内统一刊号CN46-0014，海南工商政字3272号，对开四版，一四版套红的报纸，报名为中英文——《太平洋邮报 PACIFIC POST》。在报尾以小五号字印刷的带有报社广东分社和上海联络处地址，每份0.20元，港币0.40元。酒店服务员每天都会看到一个30多岁、头发稀疏的男人匆匆出入303室，却不知道这就是面向全球发行的《太平洋邮报》的创办者——酒店登记的名字是钟睒睒。"

钟睒睒之所以给报纸起名为《太平洋邮报》，是希望它能临南海而怀大洋，可谓雄心勃勃。究其原因，"他有强烈的办报情结，不甘心只做记者，尤其不愿意看到自己的稿件被退回"。

创立报社，钟睒睒做了充足的准备：物色好了编辑、记者；联络好了供稿的各领域专家和实业界人士；甚至拿到了统一刊号。在创刊号上，钟睒睒亲自撰写了一篇《创刊启事》，并且在一些报纸和杂志上发表。

邮报，乃传播之源，信息之桥，事业之友，希望之窗。在世界邮报之林中，中国第一张邮报——《太平洋邮报》，应亚太时代之运，乘海南开放之潮，破土而出！

邮报延聘海内外高级编辑、国际经贸专家，以及中外实业界、理论界人士，联合组成"太平洋报业集团"，以"邮报"作桥梁，帮助中国实业界、理论界打开"门户"，走向世界；帮助港澳台同胞、海外侨胞和外国投资者透过"窗口"，了解中国。

邮报是一张立足海南，面向太平洋，辐射全世界的外向型、综合性报纸，辟有"宇宙流""亚太视像""中国人经济圈""创业潮""企业之星""企业家沙龙""大学生之路""海峡对话""天涯放语""浪拍絮语""社会多棱镜"等专栏。

邮报是中国新闻改革的产物，它以太平洋报业集团公司为主办单位，以"国际公共关系协会中国分会"为联络媒介，广泛联合海内外经济界、理论界，实行国际化、多元化、立体化的操作，竭诚与具有开拓之志的各界人士携手奋进！①

1989年7月1日，钟睒睒迎来了自己的第一期报纸。根据《太平洋邮报》创刊号的头条文章内容可以看到：

（1）政商板块的编辑方针倾向于报道相关的经济与政治内容，比如，《外商纷纷评论中国局势：开放经济受到全民支持》。记者报道：外商对中国局势作出乐观估计，收集了香港首富李嘉诚、日资银行、英中贸协副会长等发表的观点。头版报眼位置刊登大字标题的文章《世界视线转移太平洋》《对抗转对话　战场变市场》等，见图1–1。

---

① 《太平洋邮报》创刊启事［J］.开发研究，1989（03）：22–22.

图1-1 《太平洋邮报》创刊号

头版左下角刊出的《敬告读者》，彰显创办者的视野和胸怀："在世界邮报之林中，中国第一张邮报——《太平洋邮报》，应亚太时代之运，乘中国开放之潮，破土而出！""回想当年人们开发美洲新大陆时，担负欧美之间物资、劳动力乃至信息传递的，正是靠航行于大西洋的邮轮———一种定期班轮来完成，'邮报'随邮轮应运而生。""今天，海南岛开发举世瞩目。本报是一张立足海南，依托沿海，面向太平洋，发行国内外的综合性报纸。它将努力发挥自己的媒介作用，帮助中国实业界、理论界打开'门户'，走向世界；帮助港澳台同胞、海外侨胞和外国投资者透过'窗口'，了解中国。"

（2）在时评板块，剖析当下热点，观点犀利。比如，《辛辣是柏杨，坦诚也是柏杨》《我之"裸戏"观》等。

这样的办报风格受到了不少读者的认可。

79家企业、工厂、报社及其他组织祝贺《太平洋邮报》的开业，钟睒睒也拉到了上海针织四厂和蛇口港的报纸广告。

根据《太平洋邮报》的办报风格，钟睒睒对标的是世界较为知名的邮报——英国的《每日邮报》（Daily Mail）、美国的《华盛顿邮报》（The Washington Post）、加拿大的《环球邮报》（The Globe and Mail）等。

然而，当《太平洋邮报》成为报业的新兴力量登上中国报业的舞台时，基于诸多原因，钟睒睒创办的《太平洋邮报》没办几期，很快就停刊了。

学者黄伟芳评价说："一张小小的创刊号，承载了钟睒睒太多的理想与情怀！但令人惋惜的是，书生的文人情怀最终还是被冷酷的现实击溃。虽然钟睒睒踌躇满志、满腔热情，但这份面向太平洋的《太平洋邮报》最终没有如愿走向世界，早早夭折了。"

钟睒睒对《太平洋邮报》的投入全部付诸东流，不得不另寻他路。就这样，钟睒睒告别了自己挚爱的报业，开始转向其他商业项目。

随后，钟睒睒与人合伙创建了一个蘑菇厂。然而，由于蘑菇根本无法适应海南的炎热气候，经过多次尝试，依然没有种植成功。当时，钟睒睒种植蘑菇遭遇严重亏损，欠了不少债务，甚至连工人工资都是东拼西凑支付的。钟睒睒再次面临抉择。

种植蘑菇失败后，钟睒睒开始售卖窗帘。当年正值海南基建热潮，窗帘的生意相对好做，于是赚到几万元。热衷于养殖的钟睒睒再次涉足养殖业，开始养殖对虾，结果同种植蘑菇一样，全赔了。

从报刊记者到商海受挫，当时的钟睒睒并不乐观。屡战屡败的钟睒睒，在创业的尝试中，早已耗光了自己的所有积蓄。当一次次走到人生的十字路口时，钟睒睒总是在寻找适合自己的创业道路。

在当年，闯荡海南的各路人马都觊觎房地产，不是在炒房，就是在炒房的路上。对于为什么没有进军房地产，钟睒睒在2015年接受《总裁在线》采访的时候，回应道："我也动过心，但是我没有去做。我认为我的性格不合适。我不喜欢跟很多人打交道，所以我做不成房地产。"①

正因为如此，钟睒睒始终坚持实业，在苦难坚守中孕育着翻身的机会。

就在钟睒睒辞职下海的前一年，宗庆后骑着三轮车在杭州中小学门口叫卖汽水、冰棒和文具。

1978年，党的十一届三中全会开启了改革开放伟大进程。如同春雷唤醒大地、久旱迎来甘霖，每个人都身处浩浩荡荡的改革洪流之中。宗庆后的人生也因此得到了根本改变。

1963年，16岁的宗庆后初中毕业后，为了减轻家庭负担，去了舟山一个农场填海滩，几年后辗转于绍兴的一个茶场。此一去就是15年。

1979年，宗庆后因为接替母亲的职务从绍兴茶场回到杭州市，在一所小学的校办厂开始了自己的又一段工作经历，这一干又是七八年。宗庆后想把校办厂办成一个十分像样的工厂，但是由于多种因素，一直无法施展自己的才干。

转机出现在1987年，杭州市上城区教育局任命宗庆后为校办企

---

① 凤凰财经."独狼"钟睒睒［EB/OL］.

业经销部经理。虽然上城区校办企业经销部经理除了一张任命书外，几乎什么都没有，但宗庆后还是非常看重。不仅看作是领导对他的信任，还看成是一个干事业的机会。宗庆后以巨大的热情投入到创业中去。

在创业初期，条件可谓十分艰苦。宗庆后凭借从校办企业办公室借来的14万元借款开启了艰难的创业之路。由于启动资金都是借来的，所以"不敢全部用完，仅仅用了几万元钱，简单地粉刷了一下墙壁，购买了几张简易的办公桌椅，就开张了"。

宗庆后介绍道："作为校办企业经销部，首先要为学校做好服务。所以任何时候接到学校电话我都会蹬起三轮车马上送货。说真的，有时候送一车货只能赚几毛钱。"后来，考虑到经销部地处车站附近，流动人口比较多，宗庆后"又做起了代销棒冰、汽水生意，四块钱一箱的棒冰，卖一箱只能赚几毛钱，但是照样干得热火朝天"。

接着，宗庆后又推销一种叫花粉口服液的儿童营养品。为了进一步提高效益，第二年，又买来生产线，搞代加工。虽然代加工的效益很不错，但问题很快也暴露了出来。因为产品毕竟是人家的，主动权掌握在人家手里。为了能够长期生存，取得更快发展，宗庆后决定自己开发营养液产品。

一个很现实的问题摆在宗庆后面前，那就是开发什么产品呢？宗庆后和两位退休教师创建的校办企业经销部，主要是给附近的学校送文具、棒冰等。宗庆后在推销和送货过程中，与学校接触比较多，对学生营养不良的状况比较了解，知道很多孩子都有胃口不好的问题。胃口不好，营养不良，上课也无精打采。所以宗庆后就想开发一种开胃、有助于孩子改善营养的保健品，当然还要全天然，不含任何激素。

有了新产品的开发方向，又一个问题摆在宗庆后面前：没有自己的研发人员和开发力量。于是，宗庆后就找到了浙江医科大学营养系朱寿民教授，请他帮助开发营养液产品。朱寿民教授非常赞同宗庆后关于产品开发的想法。得益于朱寿民教授对儿童营养问题的研究，没过多久，产品配方就出来了。

在宗庆后的带领下，娃哈哈开发出了第一个专供儿童饮用的营养品——娃哈哈儿童营养液。后来，宗庆后介绍说："这个产品由于技术含量比较高，效果很好，质量一流，投放市场后迅速热销。"

其后，宗庆后开始投放广告。在"喝了娃哈哈，吃饭就是香"广告的推动下，娃哈哈儿童营养液迅速打开市场，产品效果也超出预期。"当时的厂虽然比较小，但由于开发产品的专家是一流的，产品也是一流的，所以一下子就打开了局面，掘得了第一桶金。"

随着娃哈哈的广告传遍神州大地，娃哈哈儿童营养液迅速走红。1987年，娃哈哈利润18万元；1988年，娃哈哈利润188万元；1989年，娃哈哈利润703万元；1990年，销售收入达到4亿元，净利润7000多万元。从这些数字可以看出，娃哈哈的效益在跳跃式地增长。此时，宗庆后完成了原始积累，为下一步的腾飞打下了基础。

当时，保健品市场风头正盛，凭借儿童营养液，娃哈哈逐渐发展成为产值过亿的企业。这让钟睒睒觉察到保健品前景广阔的蓝海市场。1991年前后，机缘巧合之下，钟睒睒借偶然的机会，结识了娃哈哈创始人宗庆后。凭借老乡情谊，钟睒睒拿下了娃哈哈在海南和广西的总代理。①

钟睒睒在《我与宗老二三事》（节选，有改动）一文中这样回应

---

① 刘炜祺.钟睒睒高调创业，低调做首富[J].中国企业家，2022（12）：67-68.

自己和宗庆后的关系：

我于1988年2月正式辞去《浙江日报》记者工作，下海经商。我办过报纸、种过蘑菇都没成功。但在海南创业期间，我发现1990年前后海南房地产刚刚兴起，而海南没有窗帘布加工的能力。于是，我就在海南成立了大成窗帘公司，将杭州生产的窗帘布运到海南销售，并逐渐将窗帘业务发展到北京的王府井、燕莎百货。所以，布匹生意才是我创业所得的第一桶金，而非网上传言"第一笔创业收入来自娃哈哈"。

1991年，经前同事介绍，我有幸去杭州清泰街娃哈哈总部拜会宗老，为表尊敬，我特地挑选了两本书作为给宗老的见面礼。我记得一本是《增长的极限》，另一本是《Z理论》。之后，宗老邀我一起去看他刚收购的罐头厂，那是一个2200多人的国营大厂。我看到专业的罐头生产设备都闲置着，遂想起当时东南亚一些地区流行的八宝粥罐头。我把这个想法告诉了宗老。后（来），我托表兄从新加坡带回六罐当地的八宝粥产品，并送至宗老家中。

宗老很高兴，觉得我的这个建议有市场，后投入研发并研制生产了大家非常熟知的娃哈哈营养八宝粥，并提议我在广西、海南成立娃哈哈办事处销售娃哈哈儿童营养口服液。我欣然应允。无奈，当时海南、广西市场消费需求并没有达到预期，我跑遍市场却难以将产品销出去。之后，有几个商贸公司到海南向我进货，我才得以将进货出清。后来，我了解到，儿童营养口服液这个产品在广东是有市场的。

很多年后，在一次农夫山泉的销售会议上，我开玩笑说：当年我们在海南没卖出去的娃哈哈，估计是被卖去了广东，如果放到现在就要被认定为冲货了。没想到当时随口的一句戏言，现在竟成了我"忘恩负义"的罪状。我从未在娃哈哈领薪，更谈不上因冲货被开除。

在市场经济发展的初期，各类管理都十分粗放，渠道管理、冲货这些现代销售理念在当时根本无从谈起。以现在的眼光去看待当年的问题实在令人啼笑皆非。①

---

① 钟睒睒.钟睒睒：我与宗老二三事［EB/OL］，2024-03-03.

祸兮，福之所伏

"福兮，祸之所伏；祸兮，福之所倚。"客观地讲，钟睒睒的一些行为也给他上了一堂生动的课。这为钟睒睒在渠道管理方面敲响了警钟。

随着改革开放的深入发展，20世纪90年代遍地的机会让钟睒睒应接不暇。在饭店与朋友吃饭时，钟睒睒就觉察到一个巨大的商机——每桌食客近乎都会点一道用海南当地的特产龟和鳖熬制的养生汤品。与饭店做养生汤不同的是，钟睒睒瞄准了甲鱼产品市场——养生丸产品。[①]

对于钟睒睒涉足养生丸产品，学者萧田写道："钟睒睒的创业道路几乎与娃哈哈一脉相承。在保健品财富暴增效应和全国弥漫的下海潮双重诱惑下，一家新保健品公司养生堂诞生了。钟睒睒的个人财富帝国也就此启航。"

在萧田看来，钟睒睒的发家与娃哈哈有着千丝万缕的关系，甚至是师从"娃哈哈"。事实上，在企业界，追寻榜样就是一件常见的事情，钟睒睒也不外如是。钟睒睒在接受媒体采访时说："我崇拜的两个人，一个是乔布斯，一个是任正非。"

在追寻榜样者看来，榜样就跟天才一样，似乎做的每一个决策都很英明。创业者或者职业经理人崇拜某个榜样而去研究他的经营决策，以及使用方法，是因为榜样身上的"光环效应"。

---

① 刘炜祺.钟睒睒高调创业，低调做首富[J].中国企业家，2022（12）：67-68.

早在第一次世界大战期间，美国心理学家爱德华·李·桑代克就曾描述过这种错误，并把这样的社会现象称之为光环效应。所谓光环效应，是指人们在交往认知中，对方的某个特别突出的特点、品质会掩盖人们对其他品质和特点的正确了解。一旦对某个人有了某种印象，我们就会基于第一印象的"光环"去判断那个人的其他特征。

爱德华·李·桑代克得出这个结论是源于他的实验。在一次研究中，爱德华·李·桑代克让军官们根据一系列特征评价手下的士兵，这些特征包括智力、体格、领导能力、性格等。研究结果令桑代克大吃一惊。部分士兵被评为"杰出军人"，在各项能力上均得到极高评价；而其他士兵却低于总体平均水平。似乎军官认为一名英俊挺拔的士兵就应该身手不凡、百发百中、鞋子锃亮、多才多艺。[1]

梳理发现，光环效应不仅仅发生在军队里，管理学教授菲尔·罗森维认为，这种效应不仅会出现在个人身上，也会出现在公司里。就公司而言，人们最看重的是品牌知名度和财务业绩。

20世纪80年代后，作为企业界明星首席执行官、时任通用电气CEO的杰克·韦尔奇，出现在全球顶级的财经媒体上。1981年4月，年仅45岁的韦尔奇成为通用电气公司历史上最年轻的董事长和首席执行官。1999年，杰克·韦尔奇被《财富》杂志评为"世纪经理人"。2001年9月退休时，杰克·韦尔奇被誉为"最受尊敬的CEO""全球第一CEO""美国当代最成功最伟大的企业家"。

任职期间，杰克·韦尔奇为通用电气的股东创造了前所未有的价值：通用电气的股东总回报率大约为5200%，远远超过标准普尔500

---

[1] 罗森维.光环效应：商业认知思维的九大陷阱［M］.李丹丹，译.北京：中信出版社，2020：32-33.

指数中其他大型美国公司在同时期所能达到的回报率。①

正是这样的回报率，催生了一股模仿通用电气的热潮。诚然，杰克·韦尔奇本人似乎也鼓励这种模仿，他鼓励通用电气的经理们在公司内部分享各种"最优做法"，以便相互学习。

然而，让模仿者不清楚的是，杰克·韦尔奇各种"最优做法"却不能很好地应用到其他公司和领域中。奥利维耶·西博尼研究发现："这个问题的答案并没有看上去那么明显。模仿'最优做法'似乎是常识，我们希望通过从外部寻求灵感，来与自满情绪和非我发明综合征作斗争，因为非我发明综合征会导致公司拒绝接受外来的创意。如果我们选中用来模仿的外部公司的惯例、方法和措施是正确的，那么这样做没有什么大问题。然而很可惜，这些外来的东西通常并不适合本公司。"

奥利维耶·西博尼的答案就是光环效应："在通常情况下，我们会挑选一家成功的公司，然后选择其中一个'最优做法'来模仿。从理论上来讲，这样做确实有助于促进本公司的整体成功。但是关键在于，要想找出苹果公司或者通用电气的那些能够'解释'成功的'最优做法'，并不容易。"究其原因，最大的不确定就是企业家精神。

由此可见，光环效应有着不同的类型。其中的一种如爱德华·李·桑代克所观察到的那样，人们倾向于根据整体印象对某项特质做出评估，试图挽救濒临倒闭的企业，然而往往事与愿违。在这里，我以王安电脑公司为例加以阐释。

20世纪80年代中期，王安电脑公司达到了自创业以来的鼎盛时

---

① 奥利维耶·西博尼. 偏差：人类决策中的陷阱[M]. 贾拥民，译. 北京：中国财政经济出版社，2022：18-19.

期，年销售收入高达30亿美元，拥有3.15万名员工。王安的个人财富达到20亿美元，成为美国十大富豪之一。

辉煌过后，王安电脑公司开始下滑，直到申请破产保护。1989年，王安电脑公司陷入了现金流断裂的困境之中。面对危机，时任总裁王烈拿不出像样的应对策略，只是盲目乐观——"我们拥有30亿美元的年销售收入，绝不可能倒闭"。

后来的事实证明，王烈的盲目乐观大错特错。王安电脑公司深陷巨额债务困境，资产近25%的巨额损失正在袭来。

王安电脑公司四面楚歌，不得不面临违约银行债务协定的风险。即使王安电脑公司能够成功重组，也会规模锐减，更为严重的是，王安电脑公司可能会失去继续从事电脑业务的机会。

1989年9月，深感大厦将倾，病危中的王安不得不作出一生中非常纠结的决定——亲自宣布儿子王烈辞去王安电脑公司总裁一职，外聘前美国通用电气公司（General Electric Company，简称GE）总裁理查德·米勒（Richard Miller）担任王安电脑公司总裁。之所以选择理查德·米勒，是因为他有成功拯救濒危公司的经验。不管是病重的王安，还是董事会都非常期待理查德·米勒再次创造奇迹。遗憾的是，由于对电脑行业缺乏足够了解，理查德·米勒这次辜负了王安及王安电脑公司董事会的重托。

当理查德·米勒无法实现其承诺时，王安电脑公司之前在客户中积累的声誉严重受损。1990年3月24日，70岁的王安因癌症去世。王安病逝后，王安电脑公司的情况每况愈下，不仅逐渐失去了市场占有率，还逐渐失去了顾客对王安电脑公司的信心。

1992年6月30日，王安电脑公司发布财务报告显示，年终盈利降至19亿美元。随着盈利的下降，王安电脑公司的股票市值也一泻千里，从56亿美元股票市值跌至不足1亿美元。1992年8月，王安电脑公司不得不宣布破产。就这样，这个曾经让王安引以为傲的、辉煌灿烂的商业帝国，落寞地降下了帷幕。

对于这一悲剧，《华尔街日报》总结说："王博士是一个了不起的发明家，但绝不是一个杰出的经营者。"

事实上，在模仿榜样的过程中，大量证据表明模仿者都是失败的。连沃伦·巴菲特本人也曾告诫投资者，不要尝试去打败市场。与其他领域一样，如果投资领域真的存在天才，那么按照定义，天才本来就应该是极其罕见的。我们普通人不应该试图去模仿天才，因为我们永远无法达到他们的成就。[1]

奥利维耶·西博尼的理由有如下三个：（1）归因谬误导致人们把成功或失败归因于某个个体，并且低估了环境和机会所起的作用。（2）光环效应诱使人们仅凭某个人的极少数显著特征就形成了对他的整体印象。（3）幸存者偏差让我们只关注成功案例而忽略失败案例，并因此认为成功源于冒险。[2]

由此可见，模仿者在寻找榜样最优做法时，还会分散模仿者公司的注意力，尤其是可能导致模仿者公司忽视真正可能给它们带来优势的差异化战略。奥利维耶·西博尼介绍说："因为一个好的战略必须是与众不同的，模仿竞争对手的做法可能永远无法催生出好战略。"

奥利维耶·西博尼将其归结为"最优做法"：（1）作为运营工具的"最优做法"，即已经被其他公司实践证明确实有效的一系列方法

---

[1] 奥利维耶·西博尼. 偏差：人类决策中的陷阱 [M]. 贾拥民，译. 北京：中国财政经济出版社，2022：20.
[2] 奥利维耶·西博尼. 偏差：人类决策中的陷阱 [M]. 贾拥民，译. 北京：中国财政经济出版社，2022：22.

和措施。在IT、营销、制造、物流和许多其他领域，这些做法明显能够提升运营绩效。但是单凭这些所谓的"最优做法"无法给你带来持久的战略优势，原因很简单：竞争对手也会模仿它们。依靠这些方法来取胜，其实是把战略效果和运营效益混为一谈。这是一种常见且非常危险的错误。（2）作为战略定位"最优做法"。当模仿者研究竞争对手的战略并将它称为"最优做法"时，已经在无形中做出如下假设：在模仿者所处行业中，只有一种通用的战略能够获胜。因此，只有瞄准相同的客户群体，利用相同的销售渠道，采用相同的定价策略，才能取得成功。航空公司、食品零售商和移动电话运营商通常都遵循了这种战略性模仿的经营模式。但其结果是无差异化竞争，导致消费者只关注价格，从而损害了行业内所有参与者的利益。①

对此，奥利维耶·西博尼告诫企业家说："对榜样型人物的推崇是可以理解的。对于任何一个管理者来说，将自己的方法与其他领导者的方法进行对比，以此来质疑和提醒自己，也不失为一种良好的习惯。"

然而，在追寻榜样的过程中，奥利维耶·西博尼告诫企业家应避免犯三种错误：第一，把公司的成功视为某一个人的功劳。第二，把这个人的所有行为都看作他取得成功的推动力。第三，急于认定自己应该模仿这个榜样。例如，理查德·米勒虽然拥有成功拯救濒危公司的纪录，但是功劳是其团队的，而非个人。

鉴于此，如果只是简单地模仿别人的战略，不管这些战略对他们来说多么有效，对模仿者来讲，近乎注定是死路一条。榜样或许有用，但是偶像崇拜肯定不行。有时候我们需要理性选择自己的榜样，

---

① 奥利维耶·西博尼.偏差：人类决策中的陷阱［M］.贾拥民，译.北京：中国财政经济出版社，2022：21—22.

同时也需要定期地调整自己的企业战略,以此来制定自己的中长期战略规划。

正如奥利维耶·西博尼所言:"我们忘记了自己只关注成功者这一事实。人们只看到了幸存者,根本不会关注那些冒着同样的风险,采取了同样的举措,最后却以失败告终的人。这种逻辑错误就是幸存者偏差(survivorship bias)。人们不应该仅凭一个只有幸存者的样本得出任何结论。但是我们确实这么做了,因为我们能看到的只有幸存者。对榜样的追随或许会给人很大的激励,但是这种追随也可能会把人引入歧途。请收起自己的抱负,向与我们相似的人学习,向那些成就不那么耀眼的决策者学习,而不是向全世界都在努力模仿的极少数偶像学习。只有这样,我们才能真正受益。"

鉴于此,钟睒睒在学习榜样的过程,尤其是打造产品时,尽可能地差异化。这样的思路让钟睒睒走出之前创业屡战屡败的困局。

根据爱企查提供的数据,1993年10月7日,钟睒睒在海南成立海南养生堂药业有限公司,进入保健品行业。正当钟睒睒在海南创业时,颇具戏剧性的是,钟睒睒当年在《浙江日报》当记者时曾采访过的热议对象洪孟学,在见报之后也离开了当年的乡镇企业,去了当时的淘金热土海南。

钟睒睒和洪孟学的重逢,再次燃起他们共同的创业愿景,于是他们一起开发龟鳖丸产品。技术出身的洪孟学担任养生堂的总工程师,成了养生堂的一位联合创始人。"他当年的采访对象洪孟学,在乡镇企业愉快地干了几年以后,也到海南与他不期而遇,一起开发龟鳖丸,成了养生堂的'另一位创始人',一直担任养生堂总工程师一职。"[1]

---

[1] 吕明合. "饿狼"农夫,"独狼"钟睒睒[N].南方周末.

钟睒睒有过在娃哈哈做代理的经历，熟悉娃哈哈的经营模式。于是，钟睒睒效仿娃哈哈的做法，聘请了三名中医药大学的专家，研发出"龟鳖丸"。

借助中华鳖精的势头和贴地气的"早晚两粒龟鳖丸，好过天天吃甲鱼"广告，龟鳖丸也逐渐从海南卖到了全国，钟睒睒也因此赚到了第一桶金。

对于这段历史，中新经纬是这样介绍的："钟睒睒于1993年成立了海南养生堂药业有限公司，公司研发的养生龟鳖丸从海南卖到全国，他也赚得了人生的第一个1000万元。"①

当然，钟睒睒的旗开得胜，与各种因素有关，尤其是当时竞技运动与保健产品的合力推广。随着改革开放的深入发展，中国速度开始从经济领域辐射到竞技领域。1993年8月，在德国斯图加特举行的第四届世界田径锦标赛上，中国女子中长跑队成为一匹黑马，奇迹般地囊括了1500米、3000米、10000米的冠军，其中3000米更是包揽了金银铜牌，并打破两项世锦赛纪录。加上黄志红的女子铅球金牌，使得中国队金牌总数排在美国队之后，列第二位，成为本届世界田径锦标赛一道亮丽的风景线。刘冬、曲云霞、王军霞由默默无闻的"丑小鸭"一夜之间变成万众瞩目的"白天鹅"。②

一时间，中国竞技体育震惊世界。对于当时的中国体育，财经作家吴晓波写道："王军霞在1996年亚特兰大奥运会上夺得金牌后身披国旗绕场飞奔的镜头，成为中国体育史上最经典的一个镜头。马家军的辉煌成功，让国民大呼痛快。"③

---

① 薛宇飞. "双料"首富钟睒睒：不止靠瓶装水赚钱.
② 正成. 一个美丽的神话——"马家军"屡写传奇背后的反思［EB/OL］.
③ 吴晓波. 激荡三十年：中国企业1978–2008（下）［M］. 北京：中信出版社，2014：22–23.

1993年10月28日下午，中国田协收到国际田联的来函，"马家军"所破世界纪录全部被批准。

"马家军"旗下的王军霞、曲云霞等女运动员创造的1500米、3000米和10000米新的世界纪录，被国际田联正式承认，这是中国田径史乃至体育史上都值得大书特书的浓重一笔。①

与此同时，中国企业家也敏锐地觉察到其中潜在的巨大商业价值。就在世锦赛后一个月，一则广告便在电视台上播出：马俊仁坐在一张报告台前，好像是在开一个事迹报告会，讲到如何取得了好成绩时，他突然举起一盒保健品，用带有浓厚辽宁口音的普通话大声说："我们喝的是中华鳖精。"②

据了解，"中华鳖精"是由浙江省台州市的一家保健公司生产。在此之前寂寂无名，可依靠这则制作粗糙却播出十分及时的电视广告，它竟迅速成为全国知名度最高的保健品之一。马家军的神奇崛起，让人们对马俊仁的训练方式十分好奇，而向来对"秘方"有好奇心的消费者尤其如此——在这一点上，前几年的健力宝已经用"东方魔水"的故事充分证明过了。

对于代言中华鳖精，学者萧田写道："马俊仁很有商业头脑……姑娘们为什么跑得那么快？因为我马俊仁有独家秘方。什么秘方？我们喝'中华鳖精'！至于甲鱼爬得那么慢，为什么喝了甲鱼汁能跑得快，个中原因不得而知。但是可以肯定的是，有了马俊仁的背书，没人质疑过它的功效，这款产品迅速在全国爆卖。"

在"马家军"广告的推波助澜下，被视为风口的保健板块迎来了

---

① 阿晖."马家军"：不能遗忘的荣耀与教训［N］.新民周报.
② 吴晓波.激荡三十年：中国企业1978–2008（下）［M］.北京：中信出版社，2014：22-23.

红海竞争，参差不齐和鱼龙混杂在保健行业蔓延开来。当"圣达牌"事件被媒体披露后，保健品的乱象才暴露在聚光灯下。

1995年1月，《焦点访谈》的暗访记者盯上了在央视投放广告的"圣达牌"中华鳖精。记者走进这家工厂后发现，整个厂区只有一只甲鱼，"中华鳖精"原来是红糖水兑的，一下子戳破了甲鱼保健品的泡沫。行业遭遇危机，不少企业赶紧"跑路"。

当然，对于创业者来讲，危机既会把一些创业者打入谷底，又似乎是一个迭代的好机会。而钟睒睒就属于后者，他觉察到巨大的商业机会就在眼前。

作为曾经的媒体人，钟睒睒深知，应对舆情，与其漠视，不如主动出击，让媒体参与监督和报道后续的跟踪情况。钟睒睒的做法是：（1）主动邀请媒体记者进入工厂进行全方位报道。（2）全国发起了"100%真龟鳖海南寻真"活动。（3）消费者抽奖游海南参观工厂。（4）举行"寻找千名病友""中华医学会龟鳖医用价值研讨会"等活动。（5）顺势推出了美国进口的"矮胖子胶囊"剂型，增加了准入门槛，堵住了觊觎该市场的潜在模仿者。仅一年时间，钟睒睒打造的龟鳖丸就取代了"中华鳖精"，占据中国鳖类保健品排行榜第一的位置。

涉足水市场

20世纪90年代，虽然保健品和药品是两码事情，但是保健品往往打着药品的擦边球进行疯狂的边界扩张。钟睒睒看到其中的危机，这种"众人皆醉我独醒"的市场洞察，足以让当下的创业者警醒。

在当时的保健品市场，钟睒睒虽然是处于市场顶端，但是最赚钱的还是史玉柱的脑白金和宗庆后的娃哈哈。

史玉柱在保健品市场东山再起的故事至今还流传在商学院的案例库中。当保健品行业还沉浸在赚快钱的美梦中时，宗庆后首先嗅到了不一样的气味。一边是保健品成分不受监管，另一边是同质化竞争发展到了恶意竞争的地步。显然，一场腥风血雨在所难免。于是，宗庆后悄悄退出，这为钟睒睒敲响了警钟。1998年，"三株常德事件"舆情引爆后，保健品行业的头部企业三株口服液遭受重创。

在企业界，有一个企业家不得不提，他就是三株药业集团董事长吴炳新。在保健品行业，没有人可以否认吴炳新的"大佬"地位，甚至有媒体评论说吴炳新是一个不折不扣、名副其实的"教父级"人物。

当然，这样的评价我觉得还是非常合适的。不仅因为吴炳新曾经带领三株在很短的时间内演绎了中国保健品行业最辉煌的"神话"，更是因为吴炳新开创了一个全新的营销模式。

来自三株的统计资料显示，到1996年底，农村市场的销售额已经占到了三株总销售额的60%，这是一个了不起的营销业绩。

1992年，吴炳新以30万元起家。1995年，三株销售收入达到23.5亿元。1996年，三株迅即走向巅峰，销售收入超过80亿元。

然而，没有人会想到，高速发展中的三株企业却因为一位家住湖南省常德汉寿县的退休老船工陈伯顺而止步。三株的月销售额从最高时的7亿元急速下滑至1000余万元，16万人的营销队伍当年就裁掉了15万人。

1996年6月3日，77岁的老人陈伯顺身患冠心病、肺部感染、心衰Ⅱ级、肥大脊柱炎、低钾血症等多种疾病（二审法院已查明），经医生推荐服用三株口服液。陈伯顺于是花了428元购买了10瓶三株口服液。

然而，正是这10瓶三株口服液引起了媒体的关注。据陈伯顺家人介绍，陈伯顺患有老年性尿频症，服用了两瓶三株口服液后尿液减少，不过，饭量却增加了不少。而一旦停用三株口服液，陈伯顺的旧病就会复发。当服用到四瓶三株口服液时，陈伯顺全身出现红肿、瘙痒的症状。当陈伯顺服完第八瓶三株口服液时，全身开始溃烂。

1996年6月23日，陈伯顺被家人送到汉寿县医院求诊。医院诊断为"三株药物高蛋白过敏症"。

其后，陈伯顺病情不断反复，于1996年9月3日死亡。陈伯顺死后，其妻子、儿女将三株口服液告到了常德中级人民法院。

1998年3月31日，常德中级人民法院做出一审判决。判决结果是支持陈伯顺家人的诉讼请求，要求三株口服液向死者陈伯顺家属赔偿29.8万元。

当三株口服液一审判决败诉后，数十家媒体在头版头条高密度地报道了三株口服液的新闻，有的新闻标题甚至是"八瓶三株口服液喝死一位老汉"。这一轮爆炸性新闻，对于已经处在风雨飘摇中的三株公司形成毁灭性的一击。

其实，三株口服液在"常德事件"之前，已经遭遇过"广东事件"与"成都事件",但吴炳新没太注意。

尽管二审三株口服液胜诉,改判了一审的判决,但常德事件之后,三株的销售一落千丈。就这样,三株这个年销售额曾经高达80亿元,累计上缴利税18亿元,拥有15万员工的庞大"帝国"轰然倒塌。时至今日,三株已经淡出消费者的视野。

在保健品爆发的20世纪90年代,养生堂能够脱颖而出,钟睒睒自己总结的经验是:一个小企业要发展壮大,所经营的种类必须具有唯一性,而且必须是暴利的。因为没有规模效应来让你慢慢积累。之后,保健品行业发生的几起事件,让钟睒睒意识到这个行业的朝不保夕,他看到了水行业的巨大商机。①

钟睒睒的商业潜力在海南被激活后,中国人特有的造福一方的情结就被释放出来:第一,钟睒睒借当时保健品的风口,试图扩大保健品业务的版图;第二,从海南回到老家浙江,地方领导殷切恳求钟睒睒接手千岛湖畔一家169年历史的国营酒厂。

既然要并购酒厂,在商言商,钟睒睒需要实地考察。当钟睒睒察看酒厂的环境后,一下子就看到酒厂旁边千岛湖水的市场价值。

事实上,千岛湖原本没有湖,国家大修水利的时候,围截新安江,建成了新安江水库,后改名"千岛湖"。位于浙江省杭州市淳安县境内,小部分连接杭州市建德市西北,是为建新安江水电站拦蓄新安江上游而成的人工湖。

浙江、上海、江苏地区被誉为长江经济带,经过多年的发展,已经成为重要的工业基地,开发新安江成为急切的重大项目。尤其是上海,作为最大的工商业城市和经济中心,无论是工业、交通运输还是

---

① 刘炜祺.钟睒睒高调创业,低调做首富[J].中国企业家,2022(12):67-68.

金融业，在全国所占的比重及其影响，都是举足轻重的。

众所周知，能源供应是保证工业发展的关键。从地理条件分析，距离上海较近、水力资源丰富的新安江无疑是一个很好的水电站发电建设地址。

面对一汪湖水，钟睒睒看到了一个前所未有的蓝海市场，他改变了做酒水生意的打算。1996年9月26日，钟睒睒创建"新安江养生堂饮用水公司"（1997年变更为"浙江千岛湖养生堂饮用水有限公司"，根据企查查的数据显示已经注销），独家开发千岛湖水，开始涉足水市场。

关于新安江养生堂饮用水有限公司，中新经纬做了相关报道："1996年9月，海南养生堂与另一家公司在浙江创立了新安江养生堂饮用水有限公司，注册资本2000万元，这就是农夫山泉的前身。1997年，以浙江千岛湖为水源的第一款农夫山泉包装饮用水产品上市。"[①] 钟睒睒正式吹响了进军包装水市场的号角。

---

① 薛宇飞. "双料"首富钟睒睒：不止靠瓶装水赚钱.

第 2 章

价值创新

人的认知力是理性和理智的交融贯通，我们不是无所不能的人。天行健，君子以自强不息。自强不息才能保持企业生生不息。管理者要赋予企业生命，这不单单只是说上两句鼓舞人心的话语，而是在商业秩序模糊的地带力求建立正直的方针。这条路并不好走，核心责任是追求效率及盈利，尽量扩大自己的资产价值，其立场是正确的。

——农夫山泉创始人　钟睒睒

创造产品

对于消费者，钟睒睒有着自己的视角："我认为'忠实用户'几乎是不存在的，当苹果手机诞生的时候，所有诺基亚手机的忠实用户，都一个晚上'倒戈'。这个科学的颠覆性，在于你创造的价值含量。消费者只有一个认知：给我带来什么好处。消费者没有第二认知。"

在水项目上深耕，钟睒睒有着自己的计划。2015年2月，当权静以"很多人都说您是一个非常会做产品的人，尤其是通过营销来打造一个产品，您这背后有一些经验和方法可以教给其他企业家吗"作为提纲采访钟睒睒时，钟睒睒直言企业家应承担的责任是创造产品。"中国企业家肩上承担的责任是什么？我们要创造产品，通过产品来告诉社会，我们的认知、我们的理想。"①

很长一段时间，不少企业家都热衷涉足房地产领域，因为房地产可以获得较高的收益率，甚至不需要实业。

对此，钟睒睒说道："老实讲，房地产就是资本的游戏，毫无技术可言。建一千米高的楼都不如做好马桶盖更有意义。"

在钟睒睒看来，创造产品才是企业的核心竞争力。这与管理学教授彼得·F.德鲁克（Peter F. Drucker）的企业宗旨是创造顾客有着惊人的相似。为了理解什么是企业，我们必须从企业的宗旨入手，企业的宗旨必须存在于企业自身之外。事实上，企业的宗旨必须存在于社会之中，因为工商企业是社会的一种器官。实际上，企业的宗旨只

---

① 凤凰财经."独狼"钟睒睒.

有一种适当的定义：那就是创造顾客。市场不是由大自然或各种经济力量所创造的，而是由工商界人士所创造的。在获得能够满足其需要的提供物之前，顾客可能已经感知到企业能够满足他什么需求。就好像饥饿年代中的食物一样，这种需要可能在顾客的生活中占据着主导地位，并充斥着他的需求意识，但在工商业人士把这种潜在需要变成实际需求以前，它还仅仅是一种潜在需要。而且，只有成功地将其转变成实际需求以后，才会出现顾客和市场。潜在顾客可能并没有感觉到自己的需要。在静电复印机或电子计算机出现以前，谁也想不到顾客需要一部复印机或一台计算机。在企业采取创新、信贷、广告或推销等方法创造出需要以前，需要可能并不存在。以上所讲的每一种情况，都是由企业活动创造出顾客。①

彼得·德鲁克解释说："'企业是什么'是由顾客决定的……顾客想要购买什么，他认为有价值的是什么，这才是有决定意义的——它决定着什么是企业，应该生产些什么，企业是否会兴盛和发展壮大起来。而且，顾客所购买的，并认为有价值的东西，绝不是一件产品，而始终是'效用'，即一件产品或一项服务可以为顾客带来什么影响。一般而言，顾客认为有价值的，绝不是显而易见的。顾客是企业的基础，是使其持续存在的动力源泉。只有顾客，才能提供就业。正是为了满足顾客的需要，社会才把财务创造资源托付给工商企业。"②

由此可见，给顾客提供极致的产品或者服务，满足顾客的要求和需要才是企业生存的意义。在一档栏目中，主持人采访钟睒睒什么是

---

① 彼得·德鲁克.管理：使命、责任、实务（使命篇）[M].王永贵，译.北京：机械工业出版社，2009：57-58.

② 彼得·德鲁克.管理：使命、责任、实务（使命篇）[M].王永贵，译.北京：机械工业出版社，2009：57-58.

企业的标准时,钟睒睒回答:"我认为最重要的标准是产品的真实性,以及产品给消费者带来的真实利益。这是最重要的,任何人都跨越不了。哪怕是最好的广告,只要你的产品不能给消费者带来利益,这本身就有欺骗消费者的成分。你没有把产品的利益真实地描述给消费者,你可能一夜之间暴富,明天摔下来更惨。'水能载舟,亦能覆舟'也是这个道理。"

主持人追问:"你通过什么样的方式了解消费者这种需求?"

钟睒睒坦言:"你的出发点要站在自己的角度,家庭的角度。大卫·奥格威(奥美广告公司创始人)说过一句话,你的消费者就是你的太太,你的孩子。首先,一定要让你的产品记住一条,不是让货架上多一个牌子,而是多一种选择。这种选择有它的特异性。产品的特异性不够的话,千万不要上架。产品的特异性是产品生命力的第一标准。再请广告公司把它的特异性传递给消费者。比如说,我们最新的产品母亲牌牛肉棒,就是一个与众不同的牛肉制品。我们花了两年时间才研发出牛肉棒这种产品形态。"

不仅如此,在选择赛道时,有人说做企业的目标就是要做大,有人说要做强,钟睒睒选择了做长远。钟睒睒说:"你看'生意'两个字,'生'就是生存,'意'就是意义。就是说,企业生存的意义就是生意。企业的最高境界不是大,而是长远。我从2000年就开始研究企业的长寿问题。我为什么会从保健品跳到做水?很大程度上是因为人不能不喝水。这是长线产品;我为什么从龟鳖丸做到维生素?因为维生素是长线产品;为什么我又会从维生素做到牛肉棒?牛肉棒也是长线产品。我现在考虑的每一个产品都是要考虑多年以后,也就是你走得下去,即使要进行技术改进,也不成为非常重要的问题。你占据了一个好的水源,你占据了整条价值链,你的价值链管理做好了,行业标准都是你的。企业有两类，一类企业，你要看它科技的创新程度，和所处的位置；还有一类企业就是快消品企业，这个产业你是不是最早进入，你是不是可以做出标准，这个标准是不是你建立的，你有没有可替代性……我认为企业战略是要考虑这些。如果你对这些问题都考虑到位了，我认为管理者的责任已经完成了。"

事实上，在遍地是机会的当时，企业经营者会选择属于自己的创业项目，而拒绝盈利较小，难度较高的项目。在钟睒睒看来，有些企业家虽然有资金，但是"不是有钱就能做饮用水的"。相比房地产而言，水产业难做得多。钟睒睒说："你看水产业，有房地产的人进来了吗？房地产的人进来了，做得怎么样？因为任何一个产业需要知识的积累，如果光有钱就可以进入一个新的行业，可以转型，那是胡扯。"

主持人继续追问："但您说到这儿，比如说房地产有钱转饮用水行业，让我想到了另外一个品牌，他们是不是就像你说的从房地产进入这个行业，你觉得他们跟你们相比有什么不同？"

面对这个问题，钟睒睒坦言："我们欢迎竞争，但是我们从来没有把它放在竞争的位置。"钟睒睒解释说："农夫山泉的竞争者从来就是国际品牌，我们要做的是水的研究领域的竞争，不是货架上多了一个品牌就是竞争，这样的竞争对农夫来说不称为竞争。"

在钟睒睒看来，水与人类生命健康息息相关。在对水的研究中，笔者在农夫山泉的官网上就查阅到"水与生命健康"的几个信息：

第一，人体中水的含量。随年龄增加，人体内的含水量会逐渐减少。胚胎期含水量可达98%，3个月胎儿平均为91%，8个月时平均为81%，新生儿平均为80%，10-16岁以后，逐渐达到成人水平。60岁以上的男性含水量为50%，女性约45%。

第二，为什么要测试水的pH值？水的酸碱度是由水中溶解的矿物质决定的。天然水里往往含有钾、钙、钠、镁、偏硅酸等多种矿物质，多呈弱碱性。而不含这些矿物质的水往往呈酸性。因此，通过测试水的pH值可以直观判断水中是否含有天然矿物质。因此，农夫山泉把水分为四类，见表2-1。

表2-1 水的种类

天然水	天然矿泉水	饮用纯净水	其他饮用水
源于水井、山泉、水库、湖泊、地下泉水或高山冰川等	地下深处自然涌出或经钻井采集，含有特定含量的矿物质或微量元素的水	来源于地表、地下或公共供水系统，其不含矿物质或微量元素	除天然水、天然矿泉水、饮用纯净水之外的包装饮用水，可以人工添加一定量的矿物质

第三，水中的矿物质。

（1）被忽视的水中的营养。有不少人认为水中的矿物元素含量很少，可以忽略。事实上，不管饮食结构多么丰富，饮用水始终是人体所需矿物质的主要来源之一。美国工程院院士指出，长期饮用不含矿物元素的水会造成营养不良。世界卫生组织《饮用水中的营养》指出，饮用水中的矿物元素是人体矿物质不可缺少的来源。饮用纯净水不仅不补充矿物质，还会导致体内矿物质流失。

（2）饮用水中镁的重要性。世界卫生组织第一版《饮用水水质准则》，指出，人体必须从饮用水中摄取一定量的矿物质和微量元素，其中钙镁的典型摄入量约为成人总摄入量的5%~20%。此外，用纯净水烹饪的食物会损失大量矿物元素，其中镁和钙的损失可达60%。众所周知，饮用水中的镁比从食物中获得的镁具有更高的生物利用度，在临床上更为重要。镁参与多种不同的生理功能，包括酶的催化或抑制作用、细胞增殖中的调控作用、调节细胞周期和细胞分化作用等。大多数相关研究表明，饮用水中镁浓度较高的人群心血管病和脑中风死亡率较低，反之亦然。

（3）饮用水中钙的重要性。钙在人体内有许多生物学作用，其中极为重要的一项是骨骼矿化。饮用水中的矿物质成分与调节钙稳态有关。实际上，水中存在的钙是人体钙摄入的重要来源。对骨骼生物标志物和骨密度参数均具有有益作用。富含钙的矿泉水不含卡路里，可以作为钙的重要来源。矿泉水中钙的生物可利用性非常高，至少不低于牛奶中钙（乳钙）的水平。有证据表明，高钙水对骨骼有益。居住在意大利中部地区175名日常饮用高钙水（318mg/L）的妇女，相比于同一地区80名饮用低钙水（<60mg/L）的妇女，脊柱矿物质密度明显更高。根据对饮用水的评估，两者钙摄入量的差异平均为258mg/d。

由此可见，看似门槛很低的行业，却蕴涵很高的技术壁垒，见表2-2。企业即使是通过广告轰炸也很难砸出一个长远品牌。

表2-2 准入壁垒

主要方面	主要特点
（1）水源稀缺性	适合用于饮用水业务的优质天然水源有限，且部分已被包装饮用水公司发现并加以利用，增加了水源获得的难度
（2）充裕资金	软饮料业务需要大量资金用于生产设备设施的投入、销售渠道建设和品牌建设，若资金受限，则无法形成规模优势
（3）品牌知名度	消费者倾向于选择知名品牌产品。随着消费者个性化程度的提高，品牌传播渠道日益分散，新软饮料公司建立品牌知名度的难度加大
（4）销售及分销网络	产品分销很大程度上依赖于销售及分销网络的覆盖能力及执行效率。新软饮料公司在建立广泛的经销商网络以及与经销商高效协同合作方面可能处于劣势
（5）生产技术及产品配方	生产技术对软饮料公司的生产效率、成本管理及产品质量至为关键。新软饮料公司未必具备研发能力及生产技术积累。产品配方在很大程度上决定产品口感，甚至关乎消费者对产品的认可

发现水市蓝海

对于任何一个产业来讲，安于现状的经营者越多，那么该产业的价值创新机会，以及创造新市场空间的蓝海机会就越大。究其原因，产业市场通常由红海和蓝海组成。红海市场，代表着一个已知存在的市场空间，涵盖当下所有行业；蓝海市场，代表当前未知的、尚不存在的市场空间。众所周知，在红海市场中，产业边界是明晰和确定的，游戏的竞争规则是已知的。身处红海市场的企业试图表现得超过竞争对手，以攫取已知需求下的更大市场份额。当市场空间变得拥挤，利润增长的前景随之黯淡。产品只是常规性的商品，而割喉式的恶性竞争使红海市场变得更加血腥。相比红海，蓝海则意味着未开垦的市场空间、需求的创造以及利润高速增长的机会。尽管有些蓝海是在现有的红海领域之外创造出来的，但绝大多数蓝海是通过扩展已经存在的产业边界形成的。[1]

在饮用水市场，关于纯净水，一开始就存在着学术界、企业界的争议。主要观点认为纯净水在滤去水中有害物质的同时，也滤去了人体必需的微量元素。水纯化处理虽然解决了水的污染问题，但也使得水的溶解力、渗透力、代谢力等指标都有降低。农夫山泉发现了这个蓝海市场机会，在市场整体处于全面价格战、低利润的时候切入市场，其推出的不是充斥市场的纯净水，而是推出了含有多种营养物质和生理活性的天然水，形成独家占有的新概念。农夫山泉大力宣传

---

[1] W. 钱·金，勒妮·莫博涅.蓝海战略［M］.吉宓，译.北京：商务印书馆，2005：04–06.

"天然水"的优越性,对纯净水生产企业形成了巨大冲击。不仅如此,农夫山泉还为不同年龄群体"量体裁衣"。继"红瓶水"后,农夫山泉又推出婴儿水、学生水、年轻人的苏打水及中老年人的含锂水。农夫山泉以"天然+健康"为产品的生命线,在研发阶段充分考虑营养健康等相关政策,最大程度地使用天然原料,尽可能满足消费者的健康需求。[1]

1. 农夫山泉推出婴儿水产品

由于婴幼儿摄入水的要求较高,农夫山泉瞄准婴幼儿市场,紧抓新晋爸妈对优质育儿的消费诉求,研发低钠"婴儿水"。2015年,公司推出专供婴儿饮用的天然水,水源来自吉林省抚松县,为松花江的上游。婴儿水定位偏高端,自产品发售后,销量激增,成为公司包装水业务新的增长点。

什么样的水适合婴幼儿饮用?农夫山泉官网介绍了中国营养学会建议婴幼儿分年龄段科学饮水[2],见表2-3。

表2-3 婴幼儿分年龄段科学饮水

0-6个月婴儿	7-12个月婴儿	1-3岁幼儿
0.7L每天	0.9L每天	1.3L每天
除非天气炎热或其他原因,母乳就可以提供饮水	60%通过喝奶补充,40%通过其他饮水和辅食补充	60%以上来自饮水

由此可见,婴幼儿对饮用水的标准相应较高:①婴幼儿的饮用水

---

[1] 张博,王源.兴业证券:农夫山泉——以实力砥砺前行,蓄势腾飞正当时[R],2022-01-29.
[2] 中国营养学会.中国居民膳食指南2016[M].北京:人民卫生出版社,2016.

矿物质含量不能太高。婴幼儿的肝脏和肾脏功能尚未发育成熟，如果给婴幼儿喝高矿物质的水，会增加婴幼儿的肝脏和肾脏负担。德国联邦法律公报、奥地利联邦法律公报都明确要求，提供给婴幼儿的饮用水钠含量不高于20mg/L。2005年，世界卫生组织在发布的《饮用水中的营养矿物质对婴幼儿营养的影响》中指出：婴幼儿更容易受到高矿物盐摄入的有害影响。②婴幼儿饮用水必须严格符合微生物要求。由于婴幼儿的胃肠道还很脆弱，各国对婴幼儿液态食品亦有严格的微生物要求。我国规定液态婴幼儿配方食品必须满足商业无菌，即使矿物质含量满足要求的普通瓶装水，也仍需煮沸后才能提供给婴幼儿饮用。③婴幼儿的饮用水不能完全没有矿物元素。婴幼儿获取矿物质的渠道很少，饮用水中含有适宜的矿物元素是必要的。婴幼儿配方奶粉中一般只添加8~12种矿物元素，宝宝的成长需要营养，建议使用含有天然矿物元素的饮用水冲泡奶粉。

2.农夫山泉接连推出三款适合不同群体的饮用水

在细分市场，农夫山泉接连推出三款适合学生饮用的学生水，适合年轻人的苏打水，适合中老年人饮用的含锂水，均有较好市场反应。其中，2015年推出的学生水，瓶盖设计为运动款，唤醒20年前的童趣；瓶身设计是以长白山的春夏秋冬为主题的插画风，由英国著名插画师布雷特·莱德（Brett Ryder）创作而成，为产品注入文化底蕴。①

选择什么样的产品赛道，对于每个创业者来讲，都有自己的理解，但是囿于认知局限，他们往往会通过经验判断。这或许可以解释

---

① 张博，王源.兴业证券：农夫山泉——以实力砥砺前行，蓄势腾飞正当时[R]，2022-01-29.

几年前不少创业者热衷于金融和房地产等赛道的原因。

当然，人们眼中的创业成功者，是有着幸存者偏差的。什么是幸存者偏差呢？当取得资讯的渠道仅来自幸存者时，此资讯可能会与实际情况存在偏差。1941年，美国哥伦比亚大学统计学亚伯拉罕·沃德（Abraham Wald）教授应军方要求，利用其在统计方面的专业知识提供关于《飞机应该如何加强防护，才能降低被炮火击落的几率》的相关建议。在针对轰炸机遭受攻击后返回营地的数据进行研究后，亚伯拉罕·沃德教授发现，机翼是最容易被击中的位置，机尾则是最少被击中的位置，见图2-1。[①]

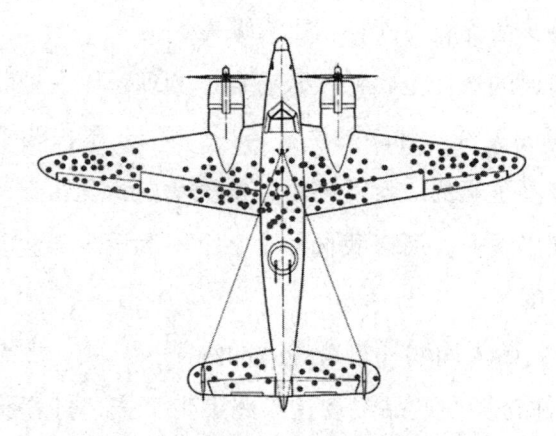

图2-1 作战后幸存飞机上弹痕的分布

亚伯拉罕·沃德教授的结论是"我们应该强化机尾的防护"，而军方指挥官认为"应该加强机翼的防护，因为这是最容易被击中的位置"。亚伯拉罕·沃德教授坚持认为：统计的样本，只涵盖平安返回的轰炸机；被多次击中机翼的轰炸机，似乎还是能够安全返航；在机尾的位置，很少发现弹孔的原因并非真的不会中弹，而是一旦中弹，

---

① 刘显焜.平等对话——强调沟通的教育［J］.科教导刊，2019（08）：158-159.

其安全返航的概率就微乎其微。

这个例子中，若是军方坚持自己的做法，继续无视沃德教授的建议，而是采用加强机翼的防护，那么在战争中死亡的人数必将增多。沃德教授在调查返航战机的数据中发现，调查的样本出了问题，表面的数据把大多数人都蒙骗其中，他们以为战机受伤的部位最应该受到防护，但是却没有看到这些样本是平安回来的战机，而那些机尾一旦受到攻击的战机很大几率会坠落，这些战机本应该也在样本数据中。所以，当我们分析问题所依赖的信息全部或者大部分来自"显著的信息"，较少利用"不显著的信息"甚至彻底忽略"沉默的信息"，得到的结论与事实情况就可能存在巨大偏差。[①]

在产品赛道的选择上，钟睒睒有自己的理解。在钟睒睒看来，刚需是项目选择的关键。钟睒睒说："我有一个儿子，两个女儿。我想我的儿子是接不了班的。女儿还小，也没戏。我现在想，怎么靠自己把这条路顺利走下去。所以我选择了一个不沉没的产业。你永远要喝水，不可能不喝水。"

这与360创始人周鸿祎打造爆款的刚需、高频、痛点有着类似的理论："如果你打算在产品经理这条路上走下去，打算研发出一款脍炙人口的产品，务必关注三个关键性要素：刚需、痛点和高频。换言之，你的产品需要符合人性最根本的需求，能抓住用户痛点，并拥有较高频次的使用场景。"具体如下：

（1）刚需——不符合人性的需求都是伪需求。市场上每年都会出现无数的失败产品，产品顾问乔克·布苏蒂尔（Jock Busuttil）认为，企业最愚蠢的行为，就是往一个根本不存在的市场里砸钱。在周鸿祎

---

① 刘显焜.平等对话——强调沟通的教育［J］.科教导刊，2019（08）：158-159.

看来，这些失败的产品背后，往往都有着一群失败的产品经理，他们看到的需求根本不符合人性，是彻头彻尾的伪需求。①

（2）痛点——在用户的强需求上全力突破。制造产品的目的，是解决用户的实际需求，但需求绝不仅仅只有一种。有些需求，对于用户来说可有可无，如果产品成本不是很高，用户会使用，但是没有它，用户的生活也不会受到明显影响，周鸿祎将之称为"弱需求"；与之相反的则是"强需求"。②

（3）高频——衡量产品的重要标准。高频指产品的使用场景一定要在用户的生活中经常出现。仅靠刚需和痛点不足以支撑某个产品的开发，场景能为需求理论提供有效补充。场景是指用户为满足自身需求而使用产品的具体实例。产品可以非常不起眼，但是它一定要对用户有价值且应用频率较高。如果使用频率特别低，用户就很难形成印象和体验，从这个角度说，高频绝对是衡量产品好坏的重要标准。③

鉴于此，是否将开创蓝海作为公司的战略取向，是区分战略成功与失败的一个标准。陷于红海的企业遵循传统的战略取向，在已有的行业范围内构筑防御工事，企图赢得竞争。令人惊讶的是，蓝海的开拓者并不把竞争作为自己的标杆，而是遵循另一套完全不同的战略逻辑，我们称之为"价值创新"。这也是蓝海战略的基石。之所以称为价值创新，原因在于它并非着眼于竞争，而是力图使客户和企业的价值都出现飞跃，由此开辟一个全新的、非竞争性的市场空间。④

在一档访谈节目中，当主持人问钟睒睒："在饮料行业，你面对

---

① 周鸿祎.极致产品［M］.北京：中信出版社，2018：02.
② 周鸿祎.极致产品［M］.北京：中信出版社，2018：05.
③ 周鸿祎.极致产品［M］.北京：中信出版社，2018：08.
④ W. 钱·金，勒妮·莫博涅.蓝海战略［M］.吉宓，译.北京：商务印书馆，2005：04-06.

的对手是国际巨头,要打败国际巨头,你有信心吗?"

钟睒睒直言:"没有信心就不会坐在这儿了。首先要告诉大家的是,我在布局这些水厂的时候,就占据了中国最好的水源地。占据这些资源,就是为了占据有利地形,但是有一个问题大家要明白,你不能盲目去打,要有战略定位。"

由此可见,价值创新的重点既在于"价值",又在于"创新"。在没有创新的背景下,价值的焦点是规模扩张型的"价值创造",它提供了价值,但并不足以使企业超越市场。在缺乏价值的背景下,创新往往是技术拉动型、市场推广型的,或者是理想主义的,即忽略客户是否愿意接受并支付相应的价格。在此意义上,把价值创新与"技术创新"及"市场推广"加以区分是十分必要的。[①]

[①] W. 钱·金,勒妮·莫博涅.蓝海战略[M].吉宓,译.北京:商务印书馆,2005:04-06.

凸显品牌个性

农夫山泉的产品策略强调水的"天然""有点甜"。农夫山泉抢占了千岛湖的天然水资源，用千岛湖为自己的品牌背书，设置了较高的进入壁垒，并与竞品完全区隔开。同时，农夫山泉通过聚焦传播"有点甜"，将天然水的标准提高到可感知的"甜"，重定游戏规则，使消费者无形中对品牌产生记忆和认同感。

回顾中国瓶装水市场的历史，可以追溯到20世纪。1900年，德国商人在青岛崂山发现了一口水井，当地医院的德国科学家对该水井的水质进行了检测，确认具有较高的保健价值。媒体披露后，崂山矿泉水的名声在当地走红。

成立于1806年的德国美最时洋行看中了崂山水井的商业价值。1930年，德国美最时洋行购买了这口水井的水产品开发权，同时还引进了当时德国玻璃瓶包装工艺，诞生了中国第一款瓶装水，"崂山"系列水产品批量出口，远销海内外。

1996年，钟睒睒涉足瓶装水市场时，他敏锐地意识到差异化战略的重要性。

在哈佛大学商学院迈克尔·波特（Michael Porter）教授看来，差异化战略是三大通用战略中的第二大战略，即企业提供被全行业认可的独特产品或者服务。迈克尔·波特写道："差异化战略实施的方法有很多种，包括独特的设计或者产品形象（菲德克瑞斯在毛巾和亚麻布制造行业独占鳌头，奔驰成为汽车行业的翘楚）、技术实力（起重机行业的海斯特公司，音响器材品牌麦金托什、露营设备品牌科尔曼）、独特的功能（电子产品领域的尊爵）、客户服务（金属制罐行业的皇冠集团）、经销商渠道（建筑设备企业卡特彼勒履带式牵引机公司）等。在理想状态下，企业可以通过多个方面实现差异化。比如卡特彼勒履带式牵引机公司不仅具有优质的经销商网络和部件供应能力，还因其产品经久耐用、质量优异而闻名。这些特征在重型机械设备领域至关重要，因为停工会给用户带来巨大的损失。要强调的是，差异化战略并不代表企业就能忽略成本，只是总成本领先并不是主要的战略目标罢了。"①

关于农夫山泉的差异化战略，《中国经营报》记者这样写道："十多年前，《中国经营报》记者第一次到农夫山泉千岛湖水源地采访时，印象最深刻的，除了对看守水源地老人油然升起的崇敬之外，就是会议方发给每位记者的试剂，以及使用这些试剂亲身参与的一个实验。当时桌子上摆了各个品牌的瓶装水，你只需要将试剂纸溶解在不同品牌的水中就会看到不同的反应。然而，正是这不经意的行为，恰恰是农夫山泉引爆多起商战，品牌出位的开启。两年后，'农夫山泉有点甜'成为当时广告市场最成功的广告语，让农夫山泉天然水一夜成名。很多消费者都在好奇到底为什么这样的饮用水味道会有点甜，而且其独特的瓶口设计也是一大亮点。"②

在当时的水市场，作为后来者的农夫山泉，要想占据一席之地，就需要打破原有的市场销售格局。平衡记分卡（Balanced Scorecard，简称BSC）的创始人罗伯特·S.卡普兰（Robert·S. Kaplan）直言："提高运营效率总归是个好主意，不管你的战略是什么，最终都要落实到

---

① 迈克尔·波特.竞争战略［M］.陈丽芳，译.北京：中信出版社，2014：25-26.
② 屈丽丽.农夫山泉：关于"水"的战争［N］.中国经营报.

运营流程上。公司如果能够使用改善运营的方法，例如全面质量管理、六西格玛、精益管理、约束理论等，将会带来短期收益。一家公司在卓越运营方面的成功也会得到客户的赞赏，因为它能够缩短交货期，提高产品质量和准时交货率。另外，让企业上下专注于运营改进更加容易，结果也很容易衡量，流程更快更可靠、缺陷更少、成本更低等。但是，卓越运营本身并不能构成可持续竞争优势的基础，企业仍然需要确定一个差异化的战略，然后将其转化为战略地图和平衡计分卡。就公司战略地图的流程角度而言，需要明确哪些是具有战略性的流程，然后在企业的运营改善活动中优先对待。"①

记者出身的钟睒睒深谙此道。初创的农夫山泉虽然是一个全新的品牌，但钟睒睒通过差异化的产品和独特的广告创意，生生地从市场上分到了一块蛋糕。

此后几年，农夫山泉一直强化自己天然水的产品定位，"我们不生产水，我们只是大自然的搬运工"的广告宣传不断强化其天然水的优势。随后几年，农夫山泉在国内布局了十大天然水源，形成了独一无二的水源布局。对此，屈丽丽还写道："可以说，农夫山泉通过一次次的概念引出，以及一次次对竞争对手品牌危机的借势，成功地在包装水领域打造了自己的品牌认知，也让消费者区分开了纯净水、矿物质水、饮用天然矿泉水不同类别的差异，并一路把自己推上了瓶装水龙头老大的地位。"②

由此可见，"农夫山泉有点甜"的差异化营销有效地确立了自己与其他产品的不同，农夫山泉建立了自己差异化的品牌认知，并不断

---

① 罗伯特·S.卡普兰等.平衡计分卡战略实践［M］.上海博意门咨询有限公司，译.杭州：浙江教育出版社，2022：推荐序.

② 屈丽丽.农夫山泉：关于"水"的战争［N］.中国经营报.

形成品牌的正向激励。阿尔·里斯和杰克·特劳特告诫企业家："人们会相信自己愿意相信的东西，品尝那些自己愿意品尝的食品。所以，软饮料的市场营销是一场认知的竞争，而不是口味的竞争。认知的力量要胜于产品本身。"

农夫山泉通过"农夫山泉有点甜""大自然的搬运工"等深入人心的广告词，在一场场认知战中建立了差异化的定位，其背后蕴藏了企业多重的战略布局：

（1）产品特征是企业保证产品与众不同的极具竞争力的工具。"有点甜"在今天已经成为农夫山泉天然水品牌的传播标志，当初农夫山泉公司确定这一宣传诉求的时候，瓶装水市场正在集体以"品质如何纯净"作为卖点。"有点甜"以口感承诺作为诉求差异化，借以暗示水源的优质，使农夫山泉形成了感性偏好、理性认同的整体策略。[1]

（2）"我们不生产水，我们只是大自然的搬运工"的口号，准确回应了消费者的心理诉求，戳中了消费者关于食品安全的痛点。

（3）品牌定位的背后，是建立竞争壁垒的方式。拥有自己的水源地，相对于竞争对手来说，就是向上游进一步拓展了差异化的优势。而好的水源地的稀缺性，以及相对多的投入也将建立起企业的护城河。事实上，对农夫山泉来说，水源地的质量和安全是其命门所在，也正因如此，据记者所知，几乎每一个水源地，都是钟睒睒亲自考察才能确定。[2]

对此，时任农夫山泉副总经理的周力在接受媒体采访时说："当年的坚持，让如今的天然水源布局成为农夫山泉最大的护城河，这是竞争对手短期内都无法撼动的竞争优势。"

---

[1] 陈国泉.农夫果园：差异化营销决胜果汁市场［EB/OL］.
[2] 屈丽丽.农夫山泉：关于"水"的战争［N］.中国经营报.

第3章

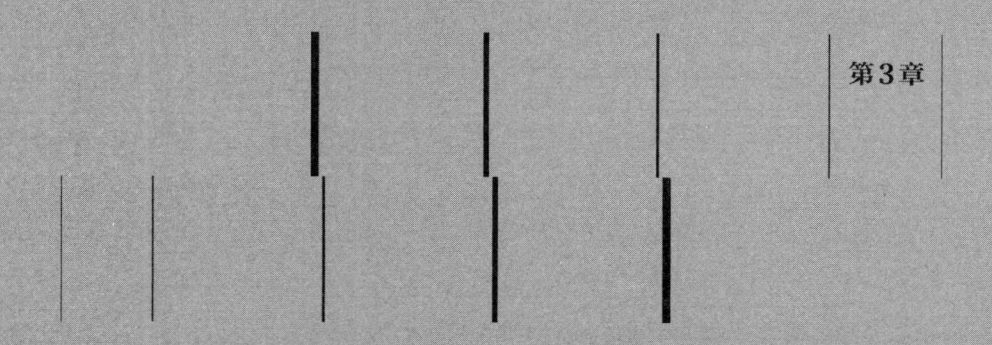

产品双引擎

第3章　产品双引擎

我们内部，不讲究哪一块产品（利润）产得高。如果这样的话，这个公司没有前途。我们一定要看知识的产生量有多少。如果这份产品的知识含量很高，即使卖不好，因为是一个储备，将来某一个时间需要你这些知识的时候，就能用得上。

——农夫山泉创始人　钟睒睒

深耕包装饮用水

在包装水市场，竞争无处不在。对于竞争，钟睒睒说道："我们从来就没有把竞争当作一种可有可无的东西。我们拥抱竞争，我们欢迎竞争，我们认为竞争会带来好处。"

在钟睒睒看来，赢得竞争的关键是产品。为了能够在竞争中提升自己的优势，农夫山泉通过建立包装饮用水和饮料的双引擎发展格局，赢得了市场的认可。

根据全球增长咨询公司——弗若斯特沙利文（Frost & Sullivan）报告数据显示，2012年至2019年间，农夫山泉连续八年保持中国包装饮用水市场占有率第一，见图3-1。以包装饮用水销量计算，农夫山泉位居全球包装饮用水企业第二位。

作为本土企业的农夫山泉，在战略重点立足中国市场的同时，把目光投向全球。

根据"中信证券研究部"的研究报告，2019年，整个软饮料行业市占率排名前五的公司分别为可口可乐（主要业务为碳酸饮料）、顶新（主要饮料业务为茶饮料）、养生堂（主要业务为包装饮用水）、泰国天丝（主要业务为能量饮料）、统一（主要饮料业务为茶饮料），其零售额市场占有率分别为8.6%、6.7%、5.7%、5.2%、4.0%。从全球角度来看，软饮料行业具备孵化大市值公司的能力，如美国的可口可乐（碳酸为主）、Monster（能量饮料为主）等。

对此，钟睒睒说道："农夫山泉的竞争者从来就是国际品牌，我们要竞争的是对水的研究，不是货架上多了一个牌子就是竞争。"

第3章 产品双引擎

图3-1 2012年至2019年农夫山泉连续八年保持中国包装饮用水市场占有率第一

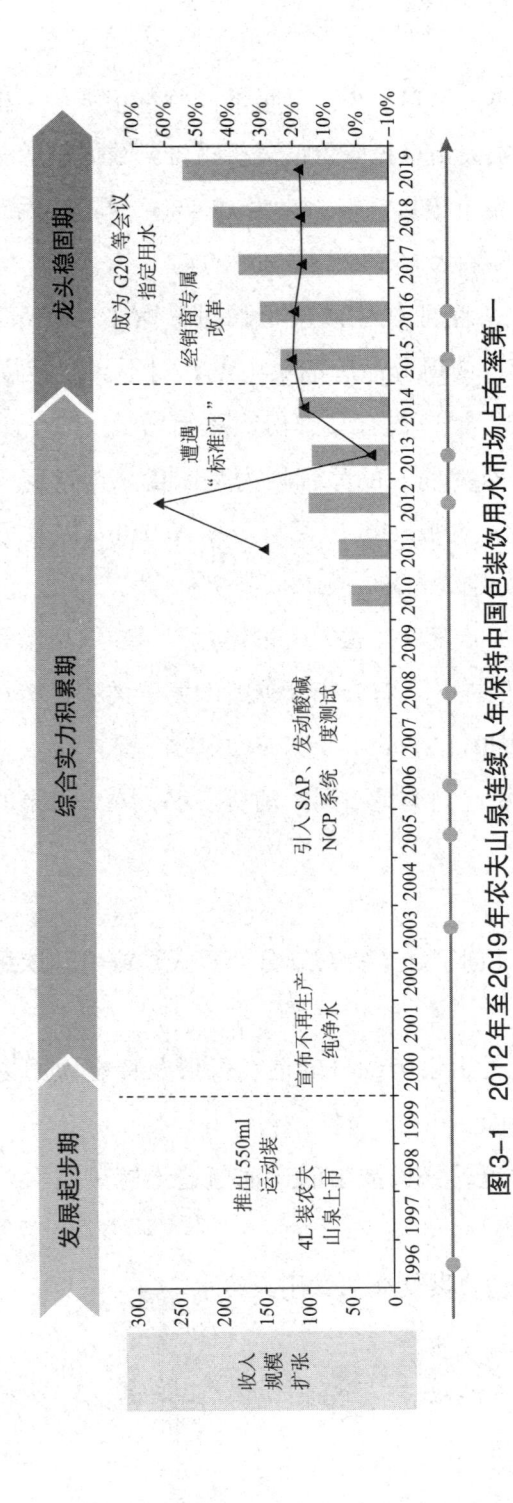

（资料来源：中信证券研究部）

在美国市场，雀巢、可口可乐、百世的品牌都很强势。根据《自然匠心，饮水知源：农夫山泉投资价值分析报告》数据显示，2019年包装饮用水行业龙头雀巢零售额市占率为18.4%；紧随其后的为可口可乐及百事，市占率分别为15.9%、9.1%。

由于美国行业龙头企业往往倾向于通过并购来扩张市场份额，加上多品牌战略经营，使得分品牌的集中度相对不高。其特点有二：（1）行业集中度降低，渠道自有品牌份额逐年增长。（2）美国包装饮用水市场零售量占有率前三的品牌均为跨国食品饮料巨头自有纯净水品牌。2019年，雀巢Purelife、百事可乐Aquafina以及可口可乐Dasani零售量市占率分别为6.3%、6.1%、5.7%。①

为了应对国际巨头的竞争，农夫山泉建立了包装饮用水和饮料的双引擎发展格局，不仅提升了农夫山泉独特的竞争优势，增强农夫山泉的市场竞争能力，同时也降低了业绩波动风险。

在包装饮用水板块，为满足不同的消费需求，农夫山泉的具体操作是：

1. 农夫山泉成功开创了数个针对细分消费人群或特殊饮用场景的包装饮用水产品

自2015年起，农夫山泉为细分的消费人群及特定饮用场景推出了有针对性的包装饮用水产品，包括：

（1）2015年针对运动场景推出的运动瓶盖天然矿泉水，采用可以单手开瓶及防漏的设计。

（2）2015年推出适合婴幼儿的饮用天然水。

---

① 薛缘，印高远，顾训丁.自然匠心，饮水知源：农夫山泉投资价值分析报告［R］.

（3）2015年推出的针对高规格会议及宴会活动的玻璃瓶装天然矿泉水。天然矿泉水（玻璃瓶），包括充气及不含气水，定位为会议或宴会饮用的高端产品。2016年二十国集团领导人杭州峰会、2017年"一带一路"国际合作高峰论坛及2017年金砖国家峰会均以该款产品为指定用水。该产品设计历时三年，获得了包括D&AD木铅笔奖、国际食品与饮料杰出创意奖、The Design Week Awards、Dieline Awards、Pentawards在内的五项国际设计大奖。

（4）由于关注到锂元素与神经系统有关，农夫山泉于2019年推出针对中老年人的富含锂元素的天然矿泉水。

这些产品帮助农夫山泉拓展了新客群，增加了销售黏性，为农夫山泉创造了包装饮用水业务新的增长点。

2.备有多个不同规格的包装饮用水产品

在包装饮用水领域，农夫山泉所生产及销售的包装饮用水备有多个不同规格，有单瓶容量为380毫升、750毫升的小规格包装产品，以及单瓶容量为5升、12升等的中大规格包装产品。

拓展饮料板块

在双引擎发展的业务格局中,除了包装饮用水,就是饮料板块。在饮料业务领域,农夫山泉推出的软饮料产品已经覆盖茶饮料、功能饮料、果汁饮料及咖啡、苏打水、含气风味饮料、植物酸奶产品等多种品类。

1. 茶饮料产品

农夫山泉之所以推出茶饮料产品,关键在于中国拥有巨大的市场。艾媒咨询发布的《2024—2025年中国茶饮料行业发展及消费洞察报告》数据显示,2023年我国新式茶饮市场规模达3333.8亿元,同比增长13.5%。随着健康消费趋势凸显,茶饮料相关产品市场规模将进一步扩大。

针对市场需求,农夫山泉顺势推出了"茶π"和无糖的"东方树叶"两款茶饮料产品:

(1)"茶π"。"茶π"包括五款口味的产品,分别为蜜桃乌龙茶、柚子绿茶、西柚茉莉花茶、柠檬红茶及玫瑰荔枝红茶。

(2)无糖的"东方树叶"。"东方树叶"包括四款口味的产品,分别为乌龙茶、茉莉花茶、红茶及绿茶,均为传统中国茶的代表。

据了解,"茶π"和"东方树叶"都是直接以新鲜茶叶为原料,通过先进的萃取工艺,以无菌冷灌装工艺生产,尽可能地保留了茶的色、香、味。

2. 功能饮料产品

农夫山泉的功能饮料产品中，主要包括"尖叫"和"力量帝维他命水"，两者皆针对追求健康生活方式的消费者。

（1）"尖叫"。农夫山泉的"尖叫"产品系列，包括纤维型、多肽型及植物型三类，各类产品均有特定的营养成分及风味。纤维型提供电解质、B族维生素及可溶性膳食纤维；多肽型能有效补充汗液中排出的矿物质，并添加了大豆多肽；植物型提供能量、电解质以及牛磺酸及B族维生素。2019年，农夫山泉以新的包装风格推出白桃及青芒口味的"尖叫"产品。

（2）"力量帝维他命水"。农夫山泉的"力量帝维他命水"具有六种不同的营养配方，对应六种口味，分别为蓝莓树莓、石榴蓝莓、热带水果、柠檬、乳酸菌及柑橘。"力量帝维他命水"胶囊瓶的外观设计符合年轻、现代、健康的品牌形象，可满足对维生素的不同需求。

3. 果汁饮料产品

对于农夫山泉来讲，涉足某款产品，强大的潜在市场活力是前提条件。根据弗若斯特沙利文报告，按零售额计算，2019年中国果汁饮料市场规模为1435亿元；根据华经产业研究院发布的《2024—2030年中国果汁饮料行业市场全景分析及投资前景展望报告》，2023年，中国软饮料市场规模为9092亿元，果汁类饮料的市场份额约为13.7%。

果汁饮料通常有三种果汁浓度：纯果汁（果汁含量为100%）、中浓度果汁（果汁含量为30%至99%）和低浓度果汁（果汁含量为5%至29%）。其中，低浓度果汁的市场份额最大。为了满足消费者的需求，农夫山泉的产品覆盖低浓度果汁、中浓度果汁及非浓缩还原纯果汁，具体如下：

（1）低浓度果汁产品。农夫山泉的低浓度果汁产品以"水溶C100"为品牌，果汁含量12%，有柠檬、西柚和青橘三种口味。每瓶常规"水溶C100"产品所含的维生素C含量相当于五个半新鲜柠檬，具有独特的酸甜味道。

（2）中浓度果汁产品。农夫山泉的中浓度果汁产品以"农夫果园"为品牌。"农夫果园"系列产品既有果汁含量为30%的产品，包括胡萝卜橙、西红柿草莓及菠萝芒果三种口味，亦有于2019年推出的50%果汁含量的两种新口味产品——葡萄及桃子。

（3）非浓缩还原纯果汁产品。农夫山泉的NFC果汁系列及"17.5°"果汁系列产品为非浓缩还原纯果汁。NFC果汁系列产品包括常温型产品及冷藏型产品，而17.5°果汁系列全部为冷藏型产品。

据农夫山泉介绍："我们的非浓缩还原纯果汁产品以非浓缩还原果汁为原料，不在其中添加水，保留了新鲜水果的营养及风味。我们在新疆维吾尔自治区建立了新鲜苹果的加工及榨汁基地，在江西省建立了鲜橙的加工及榨汁基地。上述基地为我们的非浓缩还原纯果汁产品提供水果原料。"①

4. 其他产品

农夫山泉的其他产品主要包括咖啡饮料、苏打水饮料、含气风味饮料、植物酸奶产品等。

对于其他产品，农夫山泉是这样介绍的："除上述产品外，我们于2019年新推出了以'炭仌'为品牌的咖啡产品、苏打水饮料、含气风味饮料以及植物酸奶产品。这些产品将有助于我们拓展销售规

---

① 农夫山泉.农夫山泉IPO招股书［R］，2020.

模。此外，我们亦销售农产品，包括'17.5°'鲜橙、'17.5°'苹果及大米，这些产品有助于增强我们的品牌知名度，增强消费者对于我们品牌的信任。"①

---

① 农夫山泉.农夫山泉IPO招股书［R］，2020.

第4章

研发造就技术壁垒

第4章 研发造就技术壁垒

我觉得现在的"80后""90后",那知识面很广,"00后"更厉害。因为他获取知识的渠道比我们宽太多了。但问题就是他们愿不愿意坐下来,认真地做一件事。如果他们愿意认真做一件事,他们的能力是远远超过我们的。所以对这一代消费者,你只有一个征服点,就是要让他们看到新的东西,看到好的东西。

——农夫山泉创始人 钟睒睒

多元化产品矩阵研发

农夫山泉能够推出爆品的一个重要原因是通过持续的产品研发推出新品或进入新的产品品类。在研发方面,农夫山泉集中体现在"高研发投入＋长研发周期,技术驱动焕发创新活力"上,打造出成功率高、生命周期长的多元化产品矩阵。

在农夫山泉的营业收入贡献中,包装饮用水虽然占据大半壁江山,但是农夫山泉没有止步于优质水源和稳定高增长的包装水业务,而是在居安思危的意识驱动下,适时地按照自己的规划推出新品,扩张其商业版图。

为了迎合Z世代的消费者,农夫山泉推出新潮口味的新产品,力图延续产品生命力和生命周期。在IPO前后,农夫山泉共推出5个新品类,合计17个新口味。2018年,17.5° NFC果汁推出苹果汁产品;2019年,农夫果园、NFC果汁、尖叫口味升级,并推出柠檬味和白桃味的"0糖"天然苏打水;2021年,尖叫系列口味再度升级,推出海盐柚子味和无糖的海盐青橘味,满足多场景的运动需求;2021年,无糖茶饮东方树叶推出符合年轻人口味的青柑普洱和玄米茶,备受关注;2021年,苏打气泡水重磅上市,并结合时下流行连续推出拂晓白桃、日向夏橘、莫吉托、春见油柑四款口味,凭借清爽的口感和健康的概念成功打入年轻消费群体。[1]

---

[1] 张博,王源.兴业证券:农夫山泉——以实力砥砺前行,蓄势腾飞正当时[R].

表4-1 农夫山泉软饮料口味概览

品类	产品	数量（种）	口味	推出年份
果汁饮料	农夫果园	5	30%混合果蔬汁（橙混合、番茄混合、芒果混合）	2003年
			50%混合果蔬汁（桃混合、葡萄混合）	2019年
	水溶C100	3	柠檬味	2008年
			西柚汁	2009年
			青皮桔味	2014年
	17.5° NFC果汁	2	橙汁	2016年
			苹果汁	2018年
	常温NFC果汁	5	橙汁、苹果香蕉汁	2016年
			芒果混合汁	2017年
			新疆苹果汁、番石榴混合汁	2019年
	低温NFC果汁	4	橙汁、苹果汁、芒果混合汁、凤梨混合汁	2019年
功能饮料	尖叫	7	复合果味、西柚味、柠檬味	2004年
			白桃味、青芒味	2019年
			海盐青橘味、海盐柚子味	2021年
	"力量帝"维他命水	6	柑橘味、柠檬味、乳酸菌味、热带水果味、蓝莓树莓味、石榴蓝莓味	2010年
茶饮料	东方树叶	6	乌龙茶、茉莉红茶、绿茶、红茶	2011年
			青柑普洱、玄米茶	2021年
	茶π	5	柠檬红茶、蜜桃乌龙、玫瑰荔枝红茶、柚子绿茶、西柚茉莉花茶	2016年
奶茶类	打奶茶	3	红茶奶茶、茉莉奶绿、乌龙奶茶	2021年
苏打水饮料	苏打水天然饮品	3	柠檬味、白桃味	2019年
	苏打气泡水	4	拂晓白桃味、日向夏橘味、莫吉托味、春见油柑味	2021年
咖啡饮料	炭仌	3	无糖黑咖、低糖拿铁、无蔗糖拿铁	2019年

资料来源：兴业证券经济与金融研究院

由此可见，在行业高度内卷、新品层出不穷的竞争环境下，农夫山泉始终坚持技术为王，保持产品长久不衰的生命力。在研发投入方面，农夫山泉非常注重研发机制与投入费用，投入规模行业领先。

农夫山泉的研发体系主要分为三部分：（1）公司内部研发团队负责应用研发。据了解，作为农夫山泉的研发团队，主要负责应用性研究。例如，开发新产品的内容物配方、口味、风格、包装设计及工艺研究等。（2）与大学等外部研究机构达成技术支持合作。在研发方面，农夫山泉也会借助第三方的科研平台。农夫山泉披露，"我们已通过与多所大学及研究机构合作巩固我们的研发实力。我们已与这些第三方机构订立技术开发合同，据此他们承诺根据我们的技术要求提供相应的技术支持。根据我们与第三方机构的协议，我们保留任何共同开发专利的专有权"。（3）基础研究交由具有药企背景的母公司养生堂天然药物研究所负责。根据招股书介绍："我们与养生堂及养生堂天然药物研究所就基础研究订立委托开发协议，根据该协议，由养生堂天然药物研究所向我们提供与饮料相关的基础研究。"

在研发创意上，农夫山泉鼓励各部门人员提供创新概念。截至2020年5月31日，农夫山泉参与产品研发的技术人员达到106名，其中62名持有硕士或以上学位。农夫山泉采取333制（1/3来源于前线市场反馈，1/3来源于老产品迭代，1/3来源于管理层规划），每年保障10个以上的新品研发储备，有序推进产品升级及新品打造。在研发阶段，由各部门组建的新品项目小组全程参与，形成部门间协同效应；而评审委员会通过各个阶段的评审，优化筛选巩固新品的产品力。[1]

---

[1] 朱会振.农夫山泉研究报告：自然匠心，饮水知源，水中王者瓶载乾坤[R].西南证券.

第4章 研发造就技术壁垒

为了推动创新，在农夫山泉，科研岗位的员工地位是最高的。《经济日报》报道称："在农夫山泉总部所在园区，1号楼原本是钟睒睒的办公室所在。可后来，钟睒睒坚定地搬了出来。因为，这栋楼是全园区地理位置最好、设施最完备的大楼。同时，钟睒睒认为，'1'代表着引领，引领公司的必须是知识、技术与人才。所以，这栋楼最终让给了研究所。因为这样的超高地位，科研岗位的员工们都特别有干劲。不仅公司力主的项目要加快步伐，公司没有派下来的研究，只要大伙儿觉得有意义，也会推进。当然，农夫山泉研究团队也确实不负众望。依靠自主创新，团队解决了困扰全世界饮料行业几十年的'脐橙榨汁'难题，推出了全世界第一款脐橙NFC产品。"①

在一次公开讲话中，钟睒睒说："我们要生产的不仅仅是有形的产品，更是无形的知识。知识的产生速度、人才的集聚速度与产品的创新程度一定是正相关关系。"

钟睒睒还经常与科研人员交心："我不会要求科研项目有明确的商业产出目标。如果科研人员一天到晚想着商业目标，想着市场回报，创新精神就变味了。用创新精神探索、认知未来，这才是我们要做的事情。"②

钟睒睒补充道："我们的销售没有目标，为什么？因为销售目标不是生产者决定，而是消费者决定的。我们只有成功地创造符合消费者需要的产品，满足了消费者的需求，或者我们提供了解决问题的方案，或者解决了消费者在产品上的满足感、满意感，我们才能达到自己的要求，我们才能发展。对于销售来说，我们永远不设立目标。如

---

① 温济聪.经济日报专访钟睒睒：高调的产品，低调的创始人[N].经济日报.
② 温济聪.经济日报专访钟睒睒：高调的产品，低调的创始人[N].经济日报.

果把销售放在第一位的话，那我们的公司寿命是有限的。"

农夫山泉的产品开发项目的主要步骤包括以下几个，见表4-2：

表4-2　农夫山泉产品开发项目的主要步骤

（1）项目预研	在产品开发初始阶段，农夫山泉搜集包括消费者喜好在内的市场信息，确定产品开发的主要方向
（2）项目立项	根据预研阶段的信息评估，农夫山泉进行可行性分析，决定项目是否立项开发
（3）研发	研发主要包括内容物研发、包装研发及工艺研究
（4）产品测试	产品测试分为小规模测试、口味测试、市场测试、中等规模测试等几个部分
（5）批量生产	待新产品通过产品测试后，农夫山泉开始批量生产该产品

在研发投入上，据招股书披露："于2017年、2018年、2019年以及截至2020年5月31日止五个月，我们的研发开支（主要包括研发人员的成本、原材料开支、设备及产品检测）分别为4700万元、1.07亿元、1.15亿元及600万元。我们的研发开支于这些开支产生的期间确认为费用。"①

如果以2019年公司研发开支1.15亿元计算，农夫山泉的研发费用率0.48%，其研发投入领先同业。研发团队先后参与了食品、饮料及包装饮用水领域多项标准制订及修订工作，其中署名国家标准四项、行业标准三项、地方标准一项及团体标准四项。

根据农夫山泉财报显示，2021年、2022年、2023年的研发成本，分别是1.25亿元、2.77亿元、3.49亿元。

---

① 农夫山泉.农夫山泉IPO招股书［R］，2020.

走慢路，抢先机

饮料行业具有壁垒低、品类繁多的特点，爆款产品随消费趋势变动层出不穷，生命周期普遍较短。针对这个行业特点，除了重视产品研发投入之外，农夫山泉在产品研发上始终秉持"天然、健康"的产品开发理念，依托于完善的研发管理制度与专业的研发团队，不断追求产品创新与突破，满足消费者日益增长的物质需求。

与此同时，农夫山泉从原材料端、生产端、销售端、售后端出发，持续推进产品标准化、信息化管理，将质量安全融入产品的全生命周期中。2022年财报中写道："报告期内，农夫山泉的产品送外检、国家抽检合格率均达100%。"

具体在产品研发上，尤其是落实到产品研发周期上，农夫山泉的研发策略就是"走慢路，抢先机"，尽可能地在研发布局上先于同行。据西南证券的《农夫山泉研究报告：自然匠心，饮水知源，水中王者瓶载乾坤》研究报告披露，2011年，农夫山泉引进了国内饮料企业首条百万无菌生产线，避免长时间高温加热，解决纯茶饮料易氧化变色问题，推出国内首款透明瓶装无糖茶饮料东方树叶，并实现全线果汁零防腐剂，保证产品的营养和口感。

该研究报告还提到，在头部企业均采取全品类覆盖的战略下，农夫山泉产品研发周期普遍较长，技术精益求精。受益于管理层"走慢路，抢先机"的经营理念，农夫山泉在拓展新品时并不会急于模仿、盲目推出、利用低价冲击竞品，而是以接近行业天花板的技术含量进行新品设计，以产品力打动消费者，利用品质支撑起自身的溢价实力，产品存活率更高。

梳理发现，"走慢路，抢先机"的研发策略覆盖养生堂旗下的几乎所有产品。例如，养生堂旗下产品的朵而化妆品。在钟睒睒的产品版图中，媒体报道的重点在水市场和生物医药，但是在化妆品板块，却鲜有报道。钟睒睒的化妆品版图，始于一个叫作朵而的品牌。

爱企查信息显示，朵而创建于1995年，是养生堂旗下的产品，通过研究女性肌肤给水补养时间，首创水果、鲜花、胶原蛋白、中药等多个系列女性产品。朵而采用"纯植物萃取"方式，潜心研发出VE抗衰老系列、玫瑰润颜柔肤系列，推出针叶樱桃嫩白靓肤系列和七叶树水油平衡系列等系列产品。

1995年，当养生堂推出朵而胶囊时，首创"以内养外"的全新保健美容理念。为此，作为创始人的钟睒睒执笔写了关于朵而的宣传片："女人的美，是一种感觉，是一种气质，以内养外、补血养颜，细腻红润有光泽。"

这则广告成为当年最有成效的广告之一。据养生堂员工回忆，这则广告播出后，朵而胶囊就被订购一空。2005年，为了实现对朵而产品的战略延伸，养生堂又成立朵而（北京）女性生活用品有限公司。

在产品规划与定位上，朵而拥有养生堂保健品一脉相承的基因，主打天然营养型化妆品。朵而相继推出以花瓣、水果、植物米浆等为原料的护肤产品。尽管试错多次，但是都没有达到期望。2009年，朵而确立自己的维生素护肤品牌定位。

为了在产品上实现颠覆性创新，钟睒睒在原材料上下功夫，即启用一种全新的原料来研发一款别人没有过的理念产品。这个过程从提出到实现，时间跨度却是12年。2015年，钟睒睒就坦言，朵而此前做的是中规中矩的一类产品，质量好，价格低，然而，也没有太多的创新。对没有十足新意的产品，他提不起兴趣，哪怕有利可图。钟睒睒说："我们有各种各样的水，研究得也比较透，包括各类水的好坏、水对人体的作用等，水方面我希望能够走到金字塔顶端。"

按照钟睒睒的设想，一旦涉足化妆品行业，很可能第一个会做补水类产品、化妆品喷雾水等。凭借农夫山泉的天然优势，钟睒睒对我国各地的天然水源了如指掌。长白山的低钠淡矿泉、西藏那曲的超高矿化度温泉、大兴安岭的锂锶地下水……钟睒睒曾花费不菲用于补水护肤品的研发，虽然不乏效果理想者，但与钟睒睒的要求依然有差距。①

当深入研究后，钟睒睒改变了对化妆品"水"的理解，这样的变化源于传统护肤品配方中占比最大的成分是水。2014年，钟睒睒提出"无水配方"的产品规划，这样的颠覆性创新源于自己在原料上的研究。2013年，有人向钟睒睒推荐了一款桦树汁饮料。钟睒睒研究后发现了其中的市场价值——桦树汁在护肤应用上的价值远比饮料的商业价值更高。

这里，我先介绍一下颠覆性创新。颠覆性创新是由Innosight公司创始人、哈佛大学商学院商业管理教授克莱顿·克里斯坦森（Clayton Christensen）在哈佛大学所做研究工作而总结提出的一个理论。

在克莱顿·克里斯坦森看来，颠覆性创新理论旨在描述新技术（革命性变革）对企业生存与发展的影响。

1997年，在《创新者的困境：当新技术使大公司破产》（*The Innovator's Dilemma：When New Technologies Cause Great Firms to Fail*）一书中，克莱顿·克里斯坦森首次提出了"颠覆性技术

---

① 品观，修远资本.走出少年：2007—2022中国化妆品产业十五年［M］.上海：文汇出版社，2022.

（Disruptive Technologies）"这个词语。在书中，克莱顿·克里斯坦森写道："反复的事实让我们看到，那些由于新的消费供给范式出现而消亡的企业，本应该对颠覆性技术有所预见，但却无动于衷，直至为时已晚。"

克莱顿·克里斯坦森的理由是："只专注于他们认为该做的事情，如服务于最有利可图的顾客，聚焦边际利润最诱人的产品项目，那些大公司的领导者一直在走一条持续创新的道路，而恰是这一经营路线，为颠覆性新技术关闭了大门。这一悲剧之所以发生，是因为现有公司资源配置流程的设计总是以可持续创新、实现利润最大化为导向的，这一设计思想最为关注的是现有顾客以及被证明了的市场。然而，一旦颠覆性创新出现（它是市场上现有产品更为便宜、更为方便的替代品，直接锁定低端消费者或者产生全然一新的消费群体），现有企业便立马瘫痪。"①

为此，克莱顿·克里斯坦森告诫企业经营者："他们采取的应对措施往往是转向高端市场，而不是积极防御这些新技术、固守低端市场，然而，颠覆性创新不断发展进步，一步步蚕食传统企业的市场份额，最终取代传统产品的统治地位。"

基于此，对于任何一家企业来说，在寻求新的增长业务时，通常会通过两种选择创新来达到：第一，通过持续创新（Sustaining Innovation），从市场领导者手中抢夺现有市场；第二，通过破坏性创新（Disruptive Innovation）——颠覆性创新或者开辟新的市场，或者扎根于那些现有产品未涉及的顾客群。

谈及颠覆性创新，克莱顿·克里斯坦森把它分为两个类型：第

---

① 克莱顿·克里斯坦森.创新者的窘境［M］.胡建桥，译.北京：中信出版社，2010.

一，通过锁定现有产品没有服务到的顾客群体从而产生新的市场；第二，竞争现有产品市场上的低端消费者。

根据克莱顿·克里斯坦森颠覆性创新模型，当现有市场顾客的需求不断提高时，为满足这一需求的技术范式也随之提高。通常，技术范式表现与顾客需求表现的提高过程是两个不同的曲线，见图4-1。

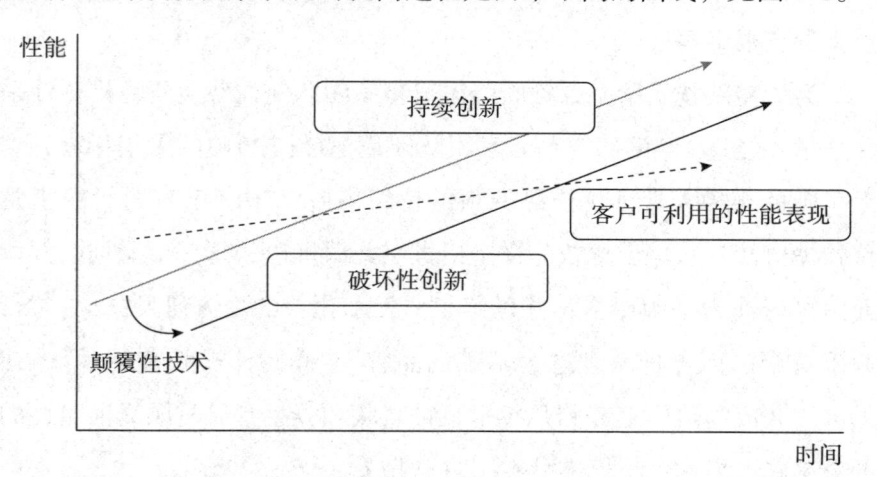

图4-1 克莱顿·克里斯坦森颠覆性创新的流程

当持续创新两条曲线的倾斜程度不一致、技术范式曲线超过了顾客需求曲线时，就意味原本活跃在非主流次级市场上的新技术迁徙到其他顾客群。当顾客发生变化时，变革者就不得不通过创新的手段去满足新的顾客需求。

在颠覆性创新理论的支持下，来自养生堂的科学家印证了桦树汁的护肤效果：（1）补水保湿。（2）桦树汁还具备强韧屏障、抵抗损伤老化、抗刺激等多方面的护肤效果。更为重要的是，桦树汁原料符合钟睒睒对护肤品功效成分的要求——不能为了所谓的效果盲目添加成分做组合测试，而是要从最基础的溶剂开始做革新验证，最终获得能够保证安全健康的更有效的配方。

回顾一百多年工业化妆品生产历史，在护肤品配方中，水从来都是占据着举足轻重的地位，而养生堂以天然桦树汁替代水，由此突破原有的研发和产品规划瓶颈。当然，要想实现这样的产品创新，不仅需要时间，还需要企业家的远景规划。究其原因，在原材料的规模化上，存在自身的产业链瓶颈——在采集时，因为周期较短，桦树汁的规模量产很难解决。

为了突破技术壁垒，钟睒睒派遣专家团队前往芬兰研究桦树汁采集技术。经过3年的研究，专家团队硬是把最初20吨的采集量提升到上千吨的规模，保证了产品原料的持续供应。2017年11月，养生堂首款桦树汁补水保湿化妆品横空出世。此后推出的每一个系列，都以天然桦树汁为基础原料，并延续了"无水化"的配方研发方向。"行业里首个以无水护肤理念为基础的品牌""桦树汁护肤首创者"，在无水护肤成为热门趋势的几年里，钟睒睒和养生堂通过颇具前瞻性的创新突破，把这两个标签贴在了自己身上。[1]

加州大学洛杉矶分校安德森商学院教授理查德·鲁梅尔特（Richard Rumelt）直言："战略最基本的理念就是以己之长攻人之短，也可以说是抓住有利契机发挥自身长处。"

理查德·鲁梅尔特补充说道："战略的标准现代表述当中拓宽了其内涵，囊括了潜在长处，即今天所说的优势。有些优势属于捷足先登者，包括规模经济、范畴经济、网络效应、商誉、专利、品牌等数百种优势。所有这些优势都是符合逻辑的，而且都很重要。然而，这些分析漏掉了两个重要的、天然的优势之源：（1）能够协调策略与行

---

[1] 品观，修远资本.走出少年：2007-2022中国化妆品产业十五年[M].上海：文汇出版社，2022.

动的连贯性战略。好战略不只是利用现有优势，还能通过设计上的连贯性来创造优势。但多数企业，无论其规模大小都做不到这一点。它们往往同时追求多个相互分离甚至相互冲突的目标。（2）通过转换视角来创造新的优势。以深刻的视角去重新审视竞争形势可以让你对优势、劣势有一个全新的认知。这种视角可以改变整个博弈局面，很多有效的战略就诞生于此。"

在理查德·鲁梅尔特看来，如果一个组织的领导者没有好战略，可能是因为觉得好战略没有必要，但更多情况下是因为坏战略的存在。如同劣币驱逐良币一样，坏战略驱逐了好战略。采用坏战略的领导者不仅选错了目标，在执行方法上犯了错，在战略概念和运作方式的理解上也出现错误。①

由此可见，"走慢路，抢先机"对于农夫山泉来讲，的确是一个好战略。例如，NFC果汁系列在2008年开始前瞻性布局，经历多年技术改进，陆续解决原料品质、脐橙榨汁苦味、无菌灌装、常温储存等一系列技术难题，于2016年正式推出常温NFC橙汁产品，可常温保存120天……形成较高的技术壁垒。②

农夫山泉的研发战略："我们希望，农夫山泉的产品是顶天立地的。比如东方树叶，技术含量非常高，可以说已经触摸到行业的天花板了，这是'顶天'；寻找优质水源地，甚至自己种植橙树，则是'立地'。"

钟睒睒十分关注产品市场的推动因素以及未来趋势，见表4-3。

---

① 理查德·鲁梅尔特.好战略，坏战略[M].蒋宗强，译.北京：中信出版社，2012：07.
② 朱会振.农夫山泉研究报告：自然匠心，饮水知源，水中王者瓶载乾坤[R].西南证券.

表4-3 市场推动因素及未来趋势

（1）健康意识增强	随着健康意识的增强，消费者倾向于选择来源于优质天然水源、含有天然矿物元素的包装饮用水及低卡路里、低糖的饮料
（2）消费升级	随着收入水平及购买力的持续提升，消费者在选择产品时，对价格的敏感度降低，转而更关注产品质量、口味以及便利性等。消费者差异化需求的增加，推动了优质产品的消费
（3）城镇化进程加快	城镇化进程有利于提高收入水准并使得消费习惯向城市居民靠拢，有效拉动了消费者对高质量产品的需求。城镇化进程亦为消费者提供更多购买产品的渠道
（4）销售渠道日益多元化	日益多元化的销售渠道，如便利店、电商平台、自动贩卖机等，增加了消费者购买产品的便利性，从而增加了产品的消费频率

第5章

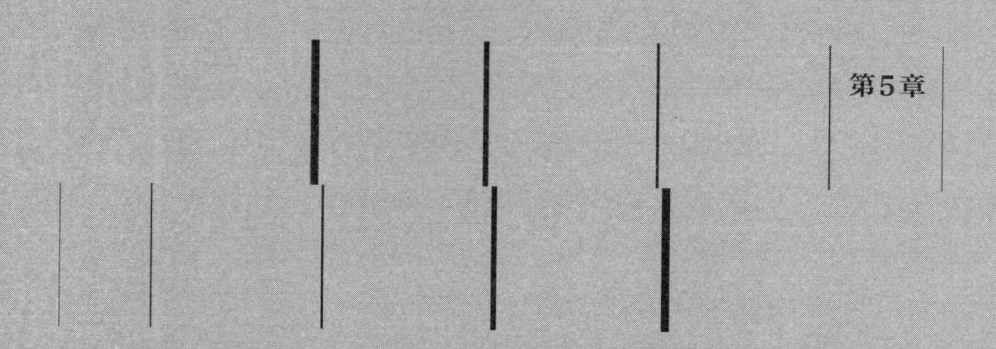

经销网络深度下沉

升级和转型的区别非常大：转型是必需的，任何时代都需要的。但是你大部分精力都放在转型上，这会产生误导。如果一个社会只听单一的声音，那这个声音一定会引导大众走向愚昧，走向无知。

相比于转型，目前最紧迫的是要升级。技术、管理、品牌、生产、物流上的升级是最核心的环节。

——农夫山泉创始人　钟睒睒

经销模式为主导

企业经营通常有三个维度：维度一是产品或者服务。企业做的是什么产品，即到底卖什么；维度二是市场。什么群体是企业产品的客户，即到底卖给谁；维度三是分销渠道。企业产品通过什么样的销售方式送到客户手里，即怎么卖。

针对分销渠道，钟睒睒有自己的解读。在一档对话栏目中，当主持人以"民营企业的发展中可能会遇到渠道、资金、竞争对手、内部管理、管理者自负等五大问题，对这五个问题，你怎么看"采访钟睒睒时，钟睒睒回答："作为养生堂来说的话，最重要的是产品、促销、分销、价格，最弱的一条就是渠道。我们的渠道是城市强势，二三级市场弱势。因为我们所有的营销都是针对城市，所有的营销都是针对超级市场的，所以我们对一些市场特别重视，有一些市场相对弱。你到农村市场去看，那里的市场一定不是我们的。城乡接合部的产品也不是我们的。为什么？这跟我们的产品价格定位有关。"

为了更好地控制渠道，以及最大化地发挥物流作用，农夫山泉还在全国建立生产基地。当主持人问："你在千岛湖和长白山建生产基地，花了12亿（元），后来买了万绿湖，用了10亿（元），把这么多资源都囤积在一块，大家可能担心企业的健康发展会不会有资金压力？"钟睒睒说："我觉得资金是需要去管理的。我们希望每年都有非常好的利润。一个企业主要的运行一定是靠它自身的利润。资金链是一个企业的血液，一个头脑清醒的企业掌舵人，可能三分之一甚至一半的时间要花在资金运营上。每个人对现金流的运用问题都会放到议事日程上来。现金流是大还是小，这是企业的标准线，但我可以告诉你我们的现金流每年都在增长。"

由此可见，实现现金流长期稳定增长，是建立在完善的销售渠道基础之上的，甚至有人说"得渠道者得天下"。对于渠道，全球增长咨询公司弗若斯特沙利文有着相关的介绍："软饮料公司主要依靠经销商来触达广泛的客户群。中国软饮料市场的销售渠道分五种主要类别：（1）传统渠道。传统渠道主要包括小型杂货店及非连锁便利店，店铺通常由个体工商户或家庭拥有及经营。（2）现代渠道。现代渠道主要包括购物商场、超市及连锁便利店。（3）餐饮渠道。餐饮渠道主要指餐饮服务提供者。（4）电商渠道。电商渠道指在线销售平台。（5）其他渠道。其他渠道主要包括特通渠道及以自动贩卖机为代表的新零售渠道。此外，特通渠道主要包括航空运输、车站、加油站及高速公路服务区。"

弗若斯特沙利文的报告数据显示，按零售额计算，2019年各主要渠道规模按从大到小顺序依次为：（1）传统渠道。（2）现代渠道。（3）餐饮渠道。（4）其他渠道。（5）电商渠道。在当下各个渠道中，传统渠道还是占据主要地位，其占比高达44.0%。排在第二的是现代渠道，其占比达22.3%。电商渠道等新兴销售渠道及其他渠道亦为过去数年的整体市场增长作出贡献。

据弗若斯特沙利文的报告数据披露，2014年至2024年中国整体软饮料市场按销售渠道划分的市场规模明细，见表5-1。

表5-1 中国整体软饮料市场按销售渠道划分的市场规模明细

	零售额			复合年增长率	
	2014年（单位：十亿元）	2019年（单位：十亿元）	2024年（预计）（单位：十亿元）	2014年至2019年	2019年至2024年（预计）
软饮料总计	743.3	991.4	1323	5.9%	5.9%
传统渠道	367.2	436.7	498.5	3.5%	2.7%
现代渠道	151.5	221.4	325.9	7.9%	8.0%
餐饮渠道	101.7	141.9	197.6	6.9%	6.8%
电商渠道	33.2	60.9	109.7	12.9%	12.5%
其他渠道	89.7	130.5	191.3	7.8%	7.9%

这样的数据意味着中国软饮料销售非常倚重传统渠道。由于体量过大，在当下消费者需求和消费渠道变化的背景下，未来增速放缓的可能性就很大。

在现代渠道和餐饮渠道中，作为中国软饮料市场最广泛的销售模式，2019年零售额分别为2214亿元和1419亿元，分别占整体零售额的22.33%和14.31%。

作为新兴销售渠道的电商渠道，零售额上升速度最快。

其他渠道主要体现为消费者在刚性需求消费场景下产生的销量。由于销售场景的不可或缺，这种渠道依旧能保持较高的增速。

在销售渠道的拓展中，农夫山泉主要采用一级经销模式，通过经销商分销其产品。通常情况下，经销商直接向超市、连锁便利店、小型零售店、电商平台、餐厅等出售农夫山泉的产品。根据招股书披露，在农夫山泉的销售渠道中，其结构如图5-1。

第5章　经销网络深度下沉

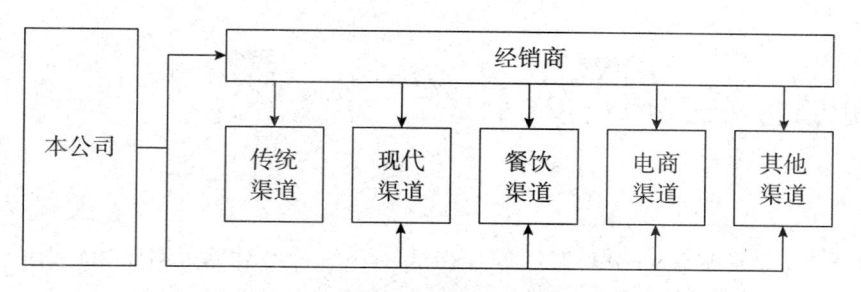

图5-1　农夫山泉的销售渠道结构

招股书披露，"农夫山泉的收益主要来自传统渠道及现代渠道。2017年、2018年、2019年以及截至2020年5月31日止五个月，农夫山泉通过传统渠道所得的收益分别为138.81亿元、154.96亿元、175.96亿元及64.01亿元，占农夫山泉总收益的79.4%、75.7%、73.3%及73.9%。同期，农夫山泉通过现代渠道所得的收益分别为19.43亿元、24.31亿元、29.32亿元及10.12亿元，占总收益的11.1%、11.9%、12.2%及11.7%"。

强化渠道铺陈和终端管控

为了紧跟新消费习惯的变化，农夫山泉建立了深度下沉的全国性销售网络，依托信息系统提升分销效率，严控经营风险。

在强化渠道铺陈和终端管控方面，农夫山泉对经销商有着相关的约束。招股书披露："经销商以先款后货的方式直接向我们购买产品……经销商在特定地理区域的指定渠道内出售我们的产品。我们要求经销商在授权范围内维护我们产品的正常市场秩序，包括在授权范围内维持产品供应量和价格体系的稳定、维护产品的品牌形象、提供售后服务等。"

当农夫山泉的经销商无法直接覆盖其授权范围内的零星偏远市场时，其亦可能向次级经销商出售农夫山泉的产品。但是"我们的销售管理人员会不时拜访次级经销商及其覆盖的终端零售网点，了解他们的市场情况、销售情况、库存情况及对我们的建议。我们通常与这些次级经销商并无合同关系。根据弗若斯特沙利文报告，此为软饮料行业的行业惯例"。

招股书披露："截至2020年5月31日，我们同4454名经销商合作，覆盖全国各省市及县级行政区域。截至2020年5月31日，我们覆盖全国243万个以上的终端零售网点，其中约有188万个终端零售网点位于三线及三线以下城市。根据弗若斯特沙利文报告，我们所服务的终端零售网点数量占全国所有终端零售网点数量约11%。截至2020年5月31日，有超过48万家终端零售网点配有'农夫山泉'品牌形象冰柜，有效提升了我们的产品在终端零售网点的品牌展示和货架份额，这在提升夏季销量方面尤为显著。"

此外，农夫山泉通过经销商在NCP系统中提报的销售数据了解次级经销商的销售情况。

由此可见，农夫山泉在强化渠道铺陈和终端管控方面，都有相关的约束政策。当然，农夫山泉也会挑选优质的经销商来合作。

与农夫山泉合作的经销商，往往是在当地包装饮用水及饮料产品经销方面经验丰富的本地经销商，其拥有一定的资金实力及专业的服务团队、车辆、仓库等以覆盖广泛的当地终端零售网点。根据招股书披露："我们的经销商被授权在特定区域的指定渠道内出售我们的产品。经销商无须独家经销我们的产品。在获得我们批准的情况下经销商可在电商平台经营网店并在线出售我们的产品。我们每年对经销商进行评估和筛选，经销商需通过一定的竞标程序获得我们产品的经销权。我们与经销商为买家与卖家的关系。"

为了防止经销商独大，农夫山泉降低对任何单一经销商或少数经销商的倚赖。招股书写道："于往绩记录期间，农夫山泉每年与超过3800名经销商合作。于往绩记录期间，农夫山泉自任何单一经销商产生的收益不超过总收益的1.0%。于2017年、2018年、2019年各年以及截至2020年5月31日止五个月，农夫山泉的前五大客户中只有两名为经销商，其余三名均为直营客户。"

为了防止串货等行为，农夫山泉严格禁止现有员工在其经销商处担任职务或者参股。信息披露："于往绩记录期间，我们有若干前员工是经销商的法定代表人、经营负责人或职业经理人。于往绩记录期间，经销商产生的收益总额不超过我们总收益的4%。当我们的任何前员工成为我们经销商的员工或参股我们的经销商，我们要求经销商通知我们……除此之外，我们的内部政策确保我们同等对待前员工任职或参股的经销商及其他经销商。我们经作一切合理查询后知悉，截至最后实际可行日期，我们所有的经销商均为独立第三方。"2020年5月31日，农夫山泉经销商的总数及其变动（包括新增及终止），见表5-2。

表5-2　2020年5月31日经销商的总数及其变动（包括新增及终止）

年　度	2017年	2018年	2019年	2020年1月至5月31日止五个月
期初经销商数目	4317	3876	3841	4280
新经销商数目	884	960	928	196
已终止经销商数目	1325	995	489	22
期末经销商数目	3876	3841	4280	4454

在经销商的管理中，通过年度的经销商评估和筛选，农夫山泉严格审视与经销商的业务关系。由于业务规模不断扩大，农夫山泉要求经销商相应提升其业务能力。招股书显示，2017年、2018年、2019年以及截至2020年5月31日止五个月，农夫山泉分别终止与1325名、995名、489名及22名经销商的业务关系。

据了解，农夫山泉与经销商终止业务关系主要基于以下原因：（1）经销商违反经销协议。（2）经销商经销业绩欠佳。（3）经销商更改业务重点或其他自身原因。

随着农夫山泉经销商整体的质量与业务能力逐步稳定及成熟，其已终止经销商数目逐年减少。招股书披露："综合考虑我们业务发展的需要及已终止合作经销商数目，于2017年、2018年、2019年以及截至2020年5月31日止五个月，我们分别新聘884名、960名、928名及196名经销商。"

一般来说，农夫山泉每年第四季度评估及甄选其经销商。新经销商于其获委聘当年经营时间较短,因此通常在获委聘当年收益贡献较低。农夫山泉之所以重视经销商的业务运营能力及双方的合作关系,是因为渠道的管控能力将影响其产品销售能力。招股书披露:"截至2020年5月31日,农夫山泉与经销商的业务合作时长平均约为四年,已有300余家经销商超过十年。"

与此同时,农夫山泉在有效管控经销商的过程中,非常重视与经销商的约定。农夫山泉通常每年与经销商订立一次标准的经销协议,主要条款如下,见表5-3:

表5-3 农夫山泉与经销商订立的标准经销协议主要条款

(1)期限	经销协议一般为期一年
(2)经销商类别	农夫山泉按指定的销售渠道对经销商进行分类
(3)指定经销区域	经销商不允许在其指定经销区域以外销售农夫山泉的产品
(4)销售目标	农夫山泉为经销商制订月度及年度销售目标,涵盖品牌及渠道。农夫山泉对其表现进行评估及检查,并据此为经销商制订奖励计划。农夫山泉不会仅因为经销商在指定月份内未能实现其月度销售目标而与该经销商终止业务关系
(5)市场目标	农夫山泉为经销商制订市场表现目标,包括增加终端零售门店,扩大产品陈列,稳定产品价格,管理产品货龄等
(6)配置要求	农夫山泉要求经销商具备经销农夫山泉产品的能力,满足农夫山泉有关营运资金、人员、车辆、仓库及其他(包括办公设施、业务辅助设施和装备等)的规定
(7)下单	农夫山泉要求经销商通过农夫山泉的NCP系统下单
(8)付款	经销商须于农夫山泉发货之前通过银行转账方式向农夫山泉指定的账户付款
(9)运输	如果农夫山泉有义务将产品配送至经销商指定的交货地点,农夫山泉将承担运输成本
(10)储存	经销商须按农夫山泉的指引储存农夫山泉的产品

续表

（11）产品所有权	若产品经铁路运输，自铁路部门提货后或提货期限满后，产品所有权即转移至经销商；若产品经汽车运输，经销商签收运单后，产品所有权即转移至经销商；若经销商自提货物，产品出库装车后，产品所有权即转移至经销商。农夫山泉通常不接受经销商的退换货
（12）反商业贿赂及保密	农夫山泉要求经销商不得进行商业贿赂，且不得向任何第三方泄露任何商业机密

此外，农夫山泉建立了一系列管理制度对经销商的价格、冲货、营销费用进行管理，见表5-4。农夫山泉拥有审计稽查团队协助管理经销商以及审核经销协议的履行情况。

表5-4　农夫山泉对经销商的价格、冲货、营销费用管理

（1）价格管理	农夫山泉为经销商提供其产品的建议零售价格。农夫山泉的经销商不得采取任何可能破坏其产品零售价格的行为
（2）冲货管理	经销商在指定经销区域之外作出的任何销售或经销商在未经农夫山泉事先批准的情况下作出的非实体店销售将被视为冲货。农夫山泉有权终止与进行严重冲货一次及以上或非严重冲货三次及以上的任何经销商的经销协议
（3）营销费用管理	农夫山泉要求经销商制订年度营销预算，并约定在经销商达到销售目标或市场目标时，给予经销商相应的价格折扣

与此同时，农夫山泉亦对若干客户采取直营模式，并且直营模式也在逐渐加强。农夫山泉通常考虑客户的声誉、行业经验、同农夫山泉业务的协同性及购买金额等因素确定直营客户。

据了解，农夫山泉的直营客户主要包括：全国或区域性的超市、连锁便利店、电商平台、餐厅、航空公司以及集团客户等。根据招股书披露，截至2020年5月31日，农夫山泉拥有247名直营客户。农夫山泉认为，与直营客户的业务关系有助于农夫山泉巩固市场地位，更

好地服务大型客户。例如，农夫山泉可以为全国及区域领先的超市及连锁便利店定制销售计划、市场活动方案，以使农夫山泉的产品能更有效地出现在这些客户的终端零售网点中。农夫山泉也能从这些终端零售网点中直接获得消费者对其产品的反馈，有助于农夫山泉及时调整市场营销策略、把控产品开发方向。此外，基于农夫山泉与电商平台客户的业务关系，农夫山泉可以更好地进行品牌宣传和产品展示，提升农夫山泉的品牌形象。

一般来说，农夫山泉与直营客户签订年度销售协议。根据招股书披露，与农夫山泉直营客户订立年度销售协议的主要条款如下：

①期限。年度销售协议一般为期一年。

②下达订单。农夫山泉的直营客户可以各种形式下达订单，包括合同、电子订单及电子邮件。若干直营客户亦可能通过订单系统下达订单。

③物流。农夫山泉委聘第三方物流服务供应商，将农夫山泉直营客户所购买的产品交付至指定地点。

④产品所有权。

- 倘产品以铁路运送，则产品所有权将于直营客户自铁路部门提货后转移至直营客户，或于提货截止日期届满当日转移至直营客户。

- 倘产品以货车运送，则产品所有权将于直营客户在运单上签署后转移至直营客户。

- 倘直营客户自行提货，则产品所有权将于产品装载至货车上后转移至直营客户。

⑤退货或换货。农夫山泉有条件或无条件地接受直营客户退回或更换产品，视协议而定。该情形主要包括销售过程中出现的破损、

季节性产品超过适销时间、直营客户收到产品之日起七日内产生的无理由退货（根据弗若斯特沙利文报告，此为食品及饮料行业常见做法）等。

⑥最低购买量。考虑到物流开支，农夫山泉可能对直营客户施加最低购买量要求。

⑦信用期。农夫山泉一般给予直营客户不超过三个月的信用期。

⑧终止。倘一方严重违反年度销售协议，则另一方有权终止该协议。

根据招股书披露，农夫山泉通常仅对采购额较大且信誉良好的直营客户授予信用期。所有希望以信用条款进行交易的客户都必须遵守其信用核证程序。此外，农夫山泉的应收款项结余会受到持续监控。

与此同时，在新渠道的拓展中，农夫山泉亦积极拓展以自动贩卖机为代表的新零售渠道、餐饮渠道、在线渠道等，多渠道触达消费者。招股书披露："截至2020年5月31日，我们已在全国近300个城市投放了近62900台以自动贩卖机为代表的智能终端零售设备，并逐步建立起与之相匹配的团队和信息系统、配送服务模式。新零售渠道的建立将有助于我们更好地拓展终端销售网点数量，满足消费者对饮料的实时购买需求。"

为了更好地管控终端，农夫山泉持续把销售管理的最佳实践融入信息管理系统。招股书披露："我们所有的合作经销商均使用我们的NCP系统。我们通过大数据分析经销商库存，根据历史数据及分销表现自动生成存货预警，帮助我们及时指导经销商分销活动。约12000名来自我们内部或经销商的一线销售及销售管理人员每天使用我们的手机APP开展业务活动，提升了我们在终端零售网点的铺货、陈列、促销等方面的经营水平。我们的销售管理团队能够实时掌握一线销售人员的门店拜访路线及服务表现，有针对性地对一线销售人员和经销商进行业务辅导，从而提升销售团队管理效率。"

第6章

传递品牌主张

第6章　传递品牌主张

广告本身是对产品的一种思考。广告不是想出来的,必须从制造产品前开始就已经有观念,你才能创造出一个好的广告。这就是为什么农夫山泉的产品和广告都是连在一起的。从产品开始基因已经在那里了,这就是我们的文化。

——农夫山泉创始人　钟睒睒

产品和广告都是连在一起的

在很多场合，我们会经常听到一些企业家夸夸其谈广告战略，似乎认为他们的广告效果极佳。对此，美国广告史上著名的广告文案撰稿人克劳德·C.霍普金斯（Claude C. Hopkins）在1923年就介绍了广告战略："我们只有学会如何赢得一位顾客，才能知道如何面对成千上万的消费者。"

究其原因，霍普金斯说道：""做广告如同打仗，只不过没有那么强烈的敌意罢了。或者，要是你愿意的话，也可以把做广告比作下象棋。我们经常出去攻占别人的堡垒，或者把别人的生意据为己有。我们必须具备技能和知识，必须接受训练，积累经验，同时装备精良。此外，我们还要配备充足的弹药。我们不要低估敌人的实力。"

如何才能设计出好的广告呢？第一，经营者需要情报部门发挥重要作用。第二，经营者需要和经销商结成同盟。第三，制定卓有成效的战略，增强其战斗力。由此可见，科学的广告，不仅需要对人性了解，同时也需要团队协同。霍普金斯在《科学的广告》中写道："对广告业了解最深的广告人都知道，广告中存在的问题和建造摩天大楼需要解决的问题一样多，而且十分重要。"

对于广告战略，钟睒睒有自己的观点。在钟睒睒旗下品牌的广告语中，"想知道清嘴的味道吗"成为被批评最多的广告语。在一档栏目中，当主持人以"很多人在关注养生堂发展之路的时候都会发现，这条路上留下了很多策划的痕迹，这些广告语哪一句是让你思考时间最长的？公司那么多广告语中受表扬的是哪句"为题采访钟睒睒。

钟睒睒回答:"养生堂公司我们做的第一个产品是龟鳖丸,是一个健康产品。做这样一个产品的公司,应该是符合传统文化的(最有代表的是同仁堂),所以有了养生堂。'农夫山泉有点甜'是表扬最多的一句广告语。这句广告语是比较经典的一句话,目前为止还没有任何一句广告语有这么强的传播性。"

在当时,钟睒睒想这句广告语的依据是:"它必须是好水。城市的自来水是加工不出有点甜的水来的,所以必须寻找好水。好水源是这句广告语成功的支撑,也和我们整个公司战略密切相关。"这也是钟睒睒投身饮用水行业的一个重要原因。

在节目中,主持人以"很多人当时都奇怪,为什么一个做保健品的企业会置身饮用水行业"为题采访钟睒睒。

钟睒睒回答:"我们原本打算收购千岛湖畔的一个有169年历史的保健酒厂。他们说200万元你就收购吧。当时觉得这个酒厂虽然有历史但没文化。但是我看了那一江好水,白白流掉了觉得真可惜。取个什么名字呢?农夫山泉吧。我们分析城市人的心理是怀旧的、回归自然的。另外,暗示是天然水质,后来才有了'农夫山泉有点甜'的广告语。"

当然,钟睒睒做水源于深度的战略思考。同理,"农夫山泉有点甜"的广告语也如此。钟睒睒认为,一个好的广告需要符合三个标准。钟睒睒说:"广告语一定要有三个特点:第一个特点就是要有形象;第二个特点要有产品功能;第三个特点一定要简单。这三个特点都包含了,那一定是好的广告语。"

克劳德·霍普金斯对此说道:"优秀的广告人必须要懂心理学,而且懂得越多越好。他必须知道什么样的效果会引起什么样的反应,进而利用这些知识增强广告的效果,避免犯错。"

克劳德·霍普金斯举例说道:"一则汽车的广告也许会使用'万向接头,质量过硬'这样的标题。这种广告根本达不到预期的效果,因为大部分人并不关心这一点。如果我们把标题改为'运动型汽车中的领跑者',那么吸引来的人数有可能是前一个广告的50倍。这足以说明标题对广告的重要性。任何一个广告人都会对其中的差异感到惊讶。我们认为最好的诉求很少被证明是人们最需要的,这是因为我们很难在有限的受众人群中发现他们真正的需求。因此,我们要通过实践了解每一条广告的效果。"

除了"农夫山泉有点甜"之外,钟睒睒觉得"农夫果园摇一摇"也是很不错的。当然,有口碑很好的广告语,也有被批评的广告语——"想知道清嘴的味道吗"。

在访谈节目中,主持人以"大家为什么要批评这一句广告语,它错在哪里"为题采访了钟睒睒。

钟睒睒说:"大家觉得你怎么有这么一句广告:清嘴的味道。其实,(由于'清嘴'和'亲嘴'的发音相似)我认为亲嘴是传递情感的一种方式,非常高尚的阶段才会亲嘴,而亲嘴是需要口腔卫生的。"

主持人追问道:"这个广告语被那么多人批评的时候,你的感觉是什么?"

钟睒睒理性分析说:"我说没有关系。我觉得有一半反对有一半人拥护是最好的,因为有利于传播。"

事实上,有争议的广告语很正常。克劳德·霍普金斯解释说:"所有这一切都建立在固定的原则之上。你要向数百万人呈现你的广告。在这些人当中,有一部分人,或多或少都是你希望引起他们兴趣的人。把目标锁定在他们身上,然后拨动他们的心弦。如果你正在为女性的紧身胸衣打广告,那么男士和小孩是不会对此产生兴趣的。如果你做的是香烟广告,那么它对不吸烟的人是起不了作用的。剃须刀不会引起女人的注意,而胭脂同样不会让男人感兴趣。不要指望有几百万读者会看你的广告,研究你的商品是不是有意思。他们只需要扫一眼广告标题或者图片就可以作出决定。你只需要去寻找并专注于那些能够为你所用的人。"

当然,作出这样的策略,需要坚持己见。正因为如此,"农夫山泉有点甜""我们不生产水,我们只是大自然的搬运工""想知道清嘴的味道吗""朵而胶囊'以内养外,补血养颜,肌肤细腻红润有光泽'"等被视为教科书般的经典营销广告语的问世,多由钟睒睒亲自操刀策划。①

对于亲自操刀,钟睒睒的理由是:"品牌力不足是国产产品的通病,升级迫在眉睫。国产化品牌长期以来还只是满足人们的物理需求,还没有将品牌进化到故事和情感的层面。"

2005年4月13日,在一档电视栏目中,主持人以"一个企业的健康发展,跟内部管理也是息息相关的,公司的人才是你们自己培养吗"为题采访了钟睒睒。

钟睒睒回答:"有'空降兵'也有我们自己培养的。人的能力某种程度上是看他怎么掌舵,这是非常重要的。如果这条船非常大,那这个掌舵人的能力要非常强。掌舵人必须具有全面才能,要有对市场的敏感,要有对财务的把握,要有对员工的凝聚力,还要有敬业精神,还有企业远景意识。"

在内部管理这个大的范畴中,钟睒睒直言自己最大的问题是过于自负:"我认为我的团队在任何一个民营企业当中一定是最强的,如

---

① 陈一良.钟睒睒"一瓶水"造就新首富[J].中国经济周刊,2020(12):102-103.

果有问题的话就出在我身上。过于自负可能就是我的问题。但是性格因素，很难改变，我不善于倾听。"

主持人追问："有人跟你提出过他们在这方面的看法吗？"

钟睒睒回答："今年（2005年）有绩效考评对我的评价。考评的意见，我每一条都认真看过。我比较高的得分是战略方向，大家认为战略方向是不错的；扣分比较多的就是脾气不好，不善于倾听，这是个很大的问题。"

强大的品牌传播能力

在农夫山泉的品牌主张中,农夫山泉实行多品牌战略,通过多样化的营销手段向消费者传递其品牌的精神和主张,持续向消费者传递其品牌精神,形成了品牌与消费者的情感共鸣。

1. 实行多品牌战略,让长远的品牌规划和强大的品牌传播能力发挥最大化效能

根据各品牌的发展阶段,农夫山泉制定差异化的品牌规划、形象设计以及宣传策略。农夫山泉的许多广告语已经深入人心,见表6-1:

表6-1 农夫山泉的广告语

主要品牌	主要广告语
农夫山泉	农夫山泉有点甜 我们不生产水,我们只是大自然的搬运工 什么样的水源,孕育什么样的生命
茶π	茶π,自成一派
东方树叶	传统的中国茶,神奇的东方树叶
尖叫	与其心跳,不如尖叫
力量帝维他命水	随时随地补充维他命
水溶C100	满足每日所需维生素C
农夫果园	农夫果园,喝前摇一摇

在品牌传播中,克劳德·霍普金斯直言:"广告完全是建立在服务基础之上的。它们提供消费者感兴趣的信息,并且告诉他们产品的优势都有哪些。"

在克劳德·霍普金斯看来，经营者"可以诱导顾客，但是不能强迫他们做什么。他们无论做什么都是为了让自己高兴。如果我们牢记这些事实的话，就不会在广告中犯过多的错误"。[1]因此，农夫山泉通过广告语的迭代升级，强化其健康、安全的产品理念，抢占消费者心智。自1998年以来，农夫山泉颇具生命力的广告语响遍大江南北，将农夫山泉品牌升华到新高度，既迎合了消费者对于水源纯净天然的向往，又塑造了产品健康、自然、好喝的特点。公司在广告语的设计上独具匠心，迎合了消费者对于水源纯净天然的诉求，使得天然健康的产品理念深入人心，迅速抢占消费者心智。

回顾农夫山泉的广告语，其历程如下：1998年，公司推出包装水广告语"农夫山泉有点甜"；2008年，天然水广告语2.0版本"我们不生产水，我们只是大自然的搬运工"；2016年3.0版广告语"每一滴水，都有它的源头"；2018年公司广告语进入4.0阶段，又为包装水产品推出新广告语以及主题宣传片"什么样的水源，孕育什么样的生命"，[2]见表6-2。

表6-2　农夫山泉包装水广告语迭代升级

迭　代	广告语
1.0版本	农夫山泉有点甜
2.0版本	我们不生产水，我们只是大自然的搬运工
3.0版本	每一滴水，都有它的源头
4.0版本	什么样的水源，孕育什么样的生命

（资料来源：兴业证券经济与金融研究院）

---

[1] 克劳德·霍普金斯.科学的广告［M］.史雷，译.上海：上海文化出版社，2019：12.
[2] 张博，王源.兴业证券：农夫山泉——以实力砥砺前行，蓄势腾飞正当时［R］，2022-01-29.

2.农夫山泉致力于向消费者传递品牌的精神和主张

在品牌塑造中,农夫山泉通过微电影向消费者传递品牌的精神和主张:

(1)"大自然篇"。农夫山泉通过"大自然篇"系列宣传片,分别展现了农夫山泉水源地吉林省长白山春夏秋冬生机勃勃的生态环境,生动诠释了"什么样的水源,孕育什么样的生命"。

(2)"搬运工篇"。农夫山泉通过"搬运工篇"系列微电影展现了其员工或合作伙伴真实而平凡的日常工作,让消费者感知农夫山泉不走捷径、踏实做事的工作态度,以及农夫山泉在平凡中成就不平凡的品牌追求。这个系列的微电影包括:

- 《一个你从来不知道的故事》:记录了农夫山泉资深水源勘探师方强在零下30度的寒冬第78次徒步上百公里深入吉林省长白山腹地勘探优质地下涌泉莫涯泉的过程。

- 《一百二十里》:展现了贵州省武陵山生产基地水源检测员肖帅每周两次单程就要攀登35公里到40公里的山路到武陵山七股水取源头水样、监控源头水质的过程。

- 《一个人的岛》:讲述了浙江省千岛湖水源监测员徐忠文,为确保工厂供水正常,一个人常驻在一座宽度不足三十米的小岛上看护水源保护区的故事。

- 《一天的假期》:讲述了从浙江省千岛湖调任吉林省长白山抚松工厂的厂长饶明红,为了新厂能抓紧投产,春节只与家人团聚了一天,第二天就赶回工厂上班的故事。

- 《太白山生命线》:讲述了一名在陕西省太白山的背水人孙文林每天身背165斤水,徒步6小时,往返于海拔3700米的山脊,为的是将产品送到山顶上的小卖部，使山顶游客能有水喝。

由此可见，农夫山泉通过系列微电影的传播，不仅得到了消费者的广泛认可，同时还提升了农夫山泉的品牌美誉度和消费者的忠诚度。

3.农夫山泉在品牌推广中注重前期规划、推广节奏及线上线下的整合营销

在品牌推广中，多渠道的宣传和推广有利于提升农夫山泉的销量。农夫山泉具体做法是：通过艺人10周年纪念版包装、代言人巡演赞助、代言人微信推荐、终端零售门店及校园的大规模线下主题陈列等方式全方位同消费者沟通。

以"茶π"上市为例，2016年，农夫山泉推出的茶饮料"茶π"邀请亚洲知名乐团Bigbang代言，启动了京东的免费尝新活动及"揭盖好礼"的线下活动。农夫山泉通过投放代言人广告，展现艺人自成一派背后的辛勤付出，品牌主张迅速赢得了年轻消费者的共鸣。

上述整合营销让"茶π"推出当年（即2016年）就赢得超过16亿元的收益。根据弗若斯特沙利文报告，"茶π"也成为2010年至2019年的十年中上市首12个月零售额最高的中国饮料新品。

与此同时，农夫山泉十分重视年轻消费群体的市场拓展，具体的活动有：

（1）农夫山泉开展进入校园活动等方式向青少年宣传水源保护、健康饮水知识，甚至开放相关的生产工厂接待青少年的研学活动。仅2019年，有超过一百万人次的消费者参观农夫山泉分布在全国的生产基地。

（2）农夫山泉通过广告投放、瓶身活动、综艺节目冠名、影视植入、明星代言、体育赛事赞助、社交媒体营销、异业合作等方式多渠道多角度触达年轻人群。例如，通过更换产品包装形态，以及同中国有嘻哈、偶像练习生等节目的合作，"力量帝维他命水"焕发了新的活力，2017年至2019年复合年增长率超过47%。

①娱乐明星代言。农夫山泉与时俱进紧跟潮流，通过明星红人、关键意见领袖的代言加持助力，与Z世代频繁互动，提升品牌影响度及知名度。

②综艺节目植入。除了娱乐明星代言，农夫山泉还通过综艺节目植入，以综艺冠名的方式进行产品宣传。2019年，与爱奇艺携手，冠名《我是唱作人》《中国有嘻哈》《偶像练习生》等综艺节目，使活跃于互联网、热爱综艺的年轻人对其印象深刻。2020年，TOT气泡饮官方微博宣布代言人为TheNine后，吸引粉丝10万人以上。而从购买专链来看，点击进入的人数累计超26万次。

③电竞跨界联动，异业合作。2021年，农夫山泉联合京东，以年轻人喜爱的电竞方式，迅速建立粉丝与品牌的沟通，打造电竞大神的粉丝聚会、全新的沉浸式体验等，拉近大神与粉丝的距离，帮助品牌更好地吸粉。这种定向投放，瞬间引爆粉丝兴趣。与电竞联名活动，品牌"玩"出新意，成为吸纳Z世代的关键。农夫山泉切入市场解决细分诉求，针对消费群体创新内容玩法与营销，成为真正破圈的关键。

④2017年，农夫山泉与网易云音乐合作推出"乐瓶"联名活动。农夫山泉精选了52条音乐评论并印制在"乐瓶"瓶身。农夫山泉在活动中推出的约4亿瓶"有故事的水"引发了消费者强烈的情感共鸣。自2016年起，农夫山泉在春节期间都会订制生肖纪念版农夫山泉玻璃瓶装天然矿泉水，通过"只送不卖"活动对消费者表示感谢。

⑤2017年，农夫山泉牵手故宫文化服务中心，推出9款限量款故

宫瓶，以清代帝王人物形象配上"打下的一瓶江山"等文案，主动出击年轻文化。农夫山泉通过整合内容营销与知名IP的深度捆绑，对产品进行高强度曝光并全面提升认知度。一方面，农夫山泉借力打造契合年轻消费者活力形象的爆款单品；另一方面，依托IP文化感染力，吸引受众将注意力和好感度从节目和文化本身，转移到对产品、品牌的关注和购买，将粉丝转化为自身产品的用户，用创意互动的形式增加消费者对品牌的喜好度，最终完成销售目标，使产品区别于竞品，实现差异化营销。①

⑥农夫山泉抓住家用电视机普及的风口，在全国性和地方性电视台投入大量营销费用投放广告，通过朗朗上口的广告语，在消费者心中留下品牌烙印，在包装水市场竞争初期有效占领消费者心智，广告语至今仍口口相传。

---

① 朱会振.农夫山泉研究报告：自然匠心，饮水知源，水中王者瓶载乾坤［R］.西南证券.

品牌塑造是一个长期过程

农夫山泉以产品质量为基础,向市场推广的不仅仅是产品品牌,更有品牌的灵魂和精神,铸就了中国软饮料的超级品牌。钟睒睒始终强调,品牌塑造是一个长期过程,必须循序渐进,尤其强化农夫山泉的每个品牌针对不同的目标消费人群,需要具有个性化的品牌调性。

为此,农夫山泉根据品牌的不同发展阶段制订差异化的品牌规划,设计与之相符的品牌形象,并采用不同的宣传策略。

1. 采用多品牌发展策略,让每个饮料品牌都保持自己的独特定位

农夫山泉差异化定位贯穿每款产品,营销宣传赋予产品特性,进一步彰显品牌特色,即农夫山泉采用多品牌发展策略,让每个饮料品牌都保持自己的独特定位,满足不同消费者的需求。

例如,在行业进行纯净水价格战时期,农夫山泉通过观念认知的升级,利用水源实施差异化定位,打造竞争优势。而在消费升级、竞品宣传水源之际,农夫山泉通过品牌与广告的升级,以故事形态塑造农夫山泉天然、健康及品质坚守的品牌文化。面对中高端竞争对手模仿跟随,农夫山泉强化水源宣传策略,在广告及外包装上凸显水源的稀缺性,跳出传统的三段式叫卖,升级为故事形态。在微电影系列中,农夫山泉通过水源的艰苦寻找及漫长守候,以人文情怀及自然景象传达公司对待产品的态度与理念,塑造了独有的品牌文化,成为行业的营销标杆。①

受益于独特领先的品牌宣传，消费者对农夫山泉的品牌认可度不断强化。在2020年的中国品牌力指数排名榜上，农夫山泉蝉联包装水品牌力第一名；2024年，农夫山泉荣登《2024中国食品饮料上市企业创新百强榜》榜首。

与此同时，采用多品牌发展的策略，使得农夫山泉的每个饮料品牌都有自己的独特定位。例如，在行业盛行10%低浓度果汁饮料时，农夫山泉于2003年即推出30%浓度的混合果蔬汁饮料"农夫果园"。当行业普遍采用浓缩还原果汁作为原料时，农夫山泉成功突破了原料、保鲜、无菌灌装等技术难题，推出了口味及营养更佳的"17.5°"及"农夫山泉"非浓缩还原纯果汁。农夫山泉持续关注消费者需求的变化趋势，前瞻性地进行产品布局，耐心培育消费习惯。

在多品牌发展策略中，农夫山泉打造了系列饮料产品群，比如（1）满足消费者特定功能诉求的饮料，如"满足每日所需维生素C"的低浓度果汁产品"水溶C100"；（2）具有鲜明品牌个性的潮流饮料产品如"茶π""尖叫""力量帝维他命水"等。农夫山泉在管理饮料产品生命周期丰富经验的基础上，通过配方优化、包装更新、推广品牌活动等方式保持品牌的年轻和活力。由此，农夫山泉推出的大部分饮料产品都能够保持十年以上的品牌活力。

2. 坚持天然健康的产品理念，铸就"天然、健康"的产品品牌

关于天然健康的产品理念，在招股书中，农夫山泉这样解释："我们坚持使用优质原料，我们的包装饮用水全部源自优质天然水源，

---

① 农夫山泉：中国最有潜力成为可口可乐的存在［EB/OL］.

含天然的矿物元素。我们的茶饮料'东方树叶'和'茶π'直接以新鲜茶叶为原料，通过先进的萃取工艺生产。我们相信'好果汁是种出来的'，我们的果汁产品选取来自15个国家及地区的优质原料，通过无菌灌装技术尽可能保留水果的营养和风味。我们的'炭仌'咖啡饮料选用优质的阿拉比卡咖啡豆，以领先的设备和工艺进行烘焙和萃取。高质量的产品是我们品牌成功的基石和保障。"

由此可见，在品牌主张中，农夫山泉长期坚持天然健康的产品理念，不断传递品牌精神，铸就了中国软饮料的超级品牌。事实证明，秉持"天然、健康"的产品理念，农夫山泉已经推出了包括"农夫山泉""茶π""东方树叶""尖叫"等多个具有市场领先地位的饮用水及饮料品牌。同时，近年新推出的一些新品类、新品牌，如"17.5°""炭仌"等也逐步被消费者认知。农夫山泉将加大以水果、茶、天然植物、咖啡、植物蛋白等天然原料为基础的产品开发，将继续推进健康诉求的功能性饮料的研究与开发。只有耐心持续地进行品牌建设，农夫山泉才能获得长期稳固的品牌资产。

3. 寻求以新颖的方式保持品牌的年轻和活力，力求将品牌形象立体化、丰满化

在品牌传播上，对于经典品牌，农夫山泉延续已有的品牌内涵，寻求以新颖的方式保持品牌的年轻和活力，持续强化消费者的认同感和情感连接，力求将品牌形象立体化、丰满化。对于新推出的品牌，农夫山泉将围绕产品本身的理念和特点，持续打造高质量的内容，建立消费者对品牌和产品的认知。农夫山泉整合线下营销、策略性地组合和使用各种媒介工具、传播手段，进一步提升品牌影响力和美誉度。招股书显示，在农夫山泉的产品体系中，五大产品收益贡献如下,见表6-3。

表6-3 农夫山泉五大产品收益贡献

	2017年		2018年		2019年		2020年截至5月31日止五个月	
	(单位:百万元)	占总收益百分比	(单位:百万元)	占总收益百分比	(单位:百万元)	占总收益百分比	(单位:百万元)	占总收益百分比
包装饮用水产品	10120	57.9%	11780	57.5%	14346	59.7%	5360	61.9%
茶饮料产品	2597	14.8%	3036	14.8%	3138	13.1%	1166	13.5%
功能饮料产品	2936	16.8%	3322	16.2%	3779	15.7%	1085	12.5%
果汁饮料产品	1468	8.4%	1855	9.1%	2311	9.6%	752	8.7%
其他产品	370	2.1%	482	2.4%	447	1.9%	301	3.4%
合计	17491	100.0%	20475	100.0%	24021	100.0%	8664	100.0%

第7章

赋能数字化

第 7 章　赋能数字化

传统企业要保持清醒，仅仅是把产品放到淘宝或京东去卖，并不等于是"互联网+"。传统企业的"互联网+"是自身的互联网化。如何利用互联网提高效率、改良工艺、刺激创新，才是企业长期要探索的重点。

——农夫山泉创始人　钟睒睒

数字化转型

随着信息技术的普及，如何利用信息技术来提升竞争力，就是众多企业一个不得不跨过的门槛。当农夫山泉既要面对本土饮料企业的竞争，同时还要承受百事可乐、可口可乐等跨国巨头施加的压力时，时任农夫山泉信息部总监的胡健不得不每天都思考这个问题："如何通过IT系统的应用不断提升竞争力，直接为公司产生效益。"

胡健说："除依靠特色产品之外，狠抓渠道管理、重视终端市场表现，并借助IT系统制定出快速反馈机制，是农夫山泉的秘密武器。"

在胡健看来，饮用水市场的竞争日趋白热化，销售增长必须借助企业的内生动力，利用技术平台变革商业模式，进行流程与资源重组，使得农夫山泉这家传统的生产型企业转变成一家以客户为中心的服务型公司。而下一个十年，依靠IT技术推动模式或许将从规模上超越传统商业，使各种商业设想变为企业实际的执行力。①

钟睒睒始终坚持信息化的建设，尽管在管理实践上遭遇阻力。胡健介绍说："我们在2004年引进了SAP的ERP系统，不过效果并不好。"

面对这样的信息化转型困局，钟睒睒并没有气馁，而是坚定地做下去。2006年元旦，在农夫山泉董事长钟睒睒的办公室，钟睒睒与胡健有过一次深度交流："在你之前，农夫山泉已经换了3个CIO（首席信息官）。"

---

① 崔婧.农夫山泉思变［J］.中国经济和信息化，2013（07）：71-73.

与此同时，钟睒睒详尽介绍了农夫山泉的信息化实施现状，以及遇到的瓶颈。对于传统企业的互联网化，钟睒睒有自己的理解："传统企业要保持清醒，仅仅是把产品放到淘宝或京东去卖，并不等于'互联网+'。传统企业的'互联网+'是自身的互联网化。如何利用互联网提高效率、改良工艺、刺激创新，才是企业长期探索的重点。"

通过长谈，胡健意识到钟睒睒进行数字化转型的用意与决心。2006年4月，担任IT部门最高负责人的胡健上任后做的第一件事情就是强化信息技术部门的服务职能，并且全面改进该部门的内部流程。

这样的转变经过了一个漫长的过程。据了解，从最初农夫山泉实施SAP的ERP系统到2008年引入移动商务系统，在这场变革中，农夫山泉的信息化持续改进提升了自己的竞争优势，但是当时由于IT部门的职能单一，部门人员的岗位职责大都是"救火队员"的角色，整日忙于解决农夫山泉公司各处出现的IT系统故障。一方面，稳定的IT系统，是农夫山泉管理与业务得以正常开展的基础；另一方面，其规模需要辐射到农夫山泉的公司边界。

根据《IT时代周刊》提供的数据显示，从1996年农夫山泉成立至2009年8月，农夫山泉的IT系统已经具备相当规模："构成公司网络的计算机超过1000台，涵盖分布于全国各地的150多个分公司、办事处及工厂。而全公司IT人员仅40人，其中分布在全国各地的IT维护人员约20人，其余常驻在工厂和总公司。"[①]

打造数据信息网络规模，其背后的动因当然是管理的需要。位于浙江省杭州市的农夫山泉总部需要随时与各地分公司、办事处，以及工厂保持通畅的网络互通，保障经营数据顺利传递。然而，运行无关

---

① 兰翎.农夫山泉信息化之路［J］.IT时代周刊，2009（08）：76-77.

进程、交叉使用移动存储设备、随意接入互联网等不良操作导致有些分支机构的计算机工作效率下降，严重影响了日常的运营调度。

在实际的管理运营中，一旦各地分公司、办事处，以及工厂的计算机系统出现故障，IT维护工程师就必须第一时间赶到现场进行维护和修理。有时路途遥远，有的问题还不能够及时地得到解决，不时有一线业务人员抱怨IT维护工程师的维修工作。

面对沉疴痼疾，农夫山泉重启IT部门的改革。其变革的首要任务就是重新强化IT部门的服务职能，全面改进IT部门的内部流程。具体变革如下：（1）设立IT服务台，以热线电话的形式作为整个部门的对外窗口，配备专人接听求助电话；（2）重新分类定义了针对求助电话的响应模式；（3）在IT部门内部要求明确应对每个需求的项目组成员及预计解决时间，并在完成后由提出需求的部门验收签字，以此核算IT部门员工的奖金。[①]

这样的转变，改变了传统信息部门员工的做法，有效地提高了信息部门员工的工作积极性，岗位效率得到明显提升。

与此同时，农夫山泉既通过引入ITIL（即信息技术基础设施库，核心是IT服务管理，旨在提高IT资源的利用率和服务质量）理念改进部门内部流程，同时还引进了适合企业自身特点的桌面管理系统软件。对于农夫山泉来说，其战略意图异常明确，即保证IT策略与业务方向匹配，不断地提高IT系统的统一性、稳定性和安全性，有效地降低人为因素对IT系统的干预。

为了更好地解决IT系统的故障率，2007年，农夫山泉开始引入由日立制作所开发研制，全面符合ITIL基础架构库行业标准，灵活适

---

① 兰翎.农夫山泉信息化之路［J］.IT时代周刊，2009（08）：76-77.

用于多种操作平台的JP1（Job Management Partner 1）桌面管理系统。

农夫山泉引入的理由当然是JP1产品可实现整个系统在商务运用中的自动化，并可快速适应新的商务需求。不管是开放式分布系统还是大型主机，JP1产品都可高水平实现系统整体的自动化操作。高可靠性、高自动化以及集中优化管理成为JP1产品的代名词。

自1994年问世起，JP1桌面管理系统应用范围涵盖金融、通信、制造、物流等多个行业，已经通过数万家客户的实践和市场的检验，产品已经非常成熟，是跨系统、跨行业、跨地区实施IT服务管理工具。

2009年8月21日，日立（中国）有限公司在"日立小型柜员机升级银行自动化——日立参加2009年中国国际金融（银行）技术暨设备展览会"时介绍："2003年，JP1进入中国后，为金融、通信、制造等众多行业提供了优秀的IT解决方案。如，中国银行、中国农业银行、中国网通、上海巴士集团、宁波卷烟厂、香港星岛新闻集团、松下中国、珠海佳能等各行各业的成功案例。"

更为重要的是，日立JP1桌面管理系统从以下3个方面帮助企业打造高效稳定的IT系统。

（1）IT规范化——"保护"您的IT资产。在遵循IT规范的前提下，基于安全策略对信息资产进行集中化管理，要求系统管理员必须迅速而准确地把握系统中发生的一切变化。对应产品为桌面管理软件产品。桌面管理软件除了资产信息管理、高效的软件分发，以及操作日志控制外，还可建立一个检疫系统，可检测、隔离并修复那些存在安全问题的客户端。

（2）自动化——依照日程安排"执行"作业。作业调度、基于安全策略的系统操作以及作业自动执行的功能使您能将更多的精力投入到核心业务中。对应产品为作业管理软件。作业管理软件产品具备各种支持作业自动化管理的功能，包括细致灵活的日程调度功能，以及从计划到结果的全程管理功能等，并且支持集群系统，从而可在确保可靠性和运行性能的基础上每天运行成百上千个作业。

（3）运行监控——"监控"整个系统的操作状态。监控服务和系统操作状态以及系统错误的隐患。对应产品包括性能管理软件和综合管理软件产品。性能管理软件产品能够收集互联网服务、操作系统，以及应用程序的各种信息，通过对这些信息进行集中管理和横向分析防止系统性能的恶化。综合管理通过作业对系统中的资源和服务进行高效集中的管理，能够实时报告事件的发生，找出错误根源并迅速进行处理。

农夫山泉打造IT系统，就是为了更好地提升响应速度。胡健坦言："信息中心的职能就是把公司的IT系统维护好，为其他业务部门提供服务，所以IT部门的内部管理更重要。"

在胡健看来，通过强化服务意识改进内部流程，通过引入桌面管理系统软件提升系统管理能力，这样双管齐下产生的效果就是IT部门能将更多精力投入其他业务需求的开发中，以此来提升农夫山泉的核心竞争力。

在信息化建设过程中，购买相关的管理软件，其实就是购买一种先进的管理思想。当然，至于企业选择何种管理软件，就需要结合企业自身的实际情况，充分考虑企业自身的系统稳定性、资源占用率、实施费用、易操作性等。

据胡健介绍，在当时，农夫山泉的需求着眼于四个方面：（1）提高IT部门的服务效率，降低IT部门日常管理的工作量；（2）提升农夫山泉对IT资产的管理能力，实现对资产的实时审计，掌握设备状况及变更情况；（3）对分布式架构的支持，保护公司在现有网络上的投资；（4）实现IT资产的远程管理及集中监控。

前两个方面在较长时间内困扰着农夫山泉的信息化建设。胡健具体说明选择日立产品的依据。首先，强大的报表功能是JP1的特色功能之一，通过资产收集和报表功能相结合，既减少了IT部门工作量，又能及时地掌握设备状况，是对遵循ITIL原则的保障；其次，农夫山泉IT支出的最终目标是"最小的投资，最大的收益"。JP1对带宽要求不高，无需额外投入，就能在现有系统资源上实现良好地运行。

据媒体披露，当农夫山泉使用JP1桌面管理系统一段时间后，一线操作的员工对此十分满意。在农夫山泉信息部门工作了3年多的网管刘晓东说："首先是缩短了IT部门对各种问题的响应时间，提高了IT管理人员的服务能力；其次则是桌面管理系统的实施使得公司能够严格限制IT设备的不规范使用，由此降低了维护成本。"

新技术带来的新变化，让胡健充满信心："相信用不了太长时间，因使用桌面管理系统而节约下来的成本，就会弥补当初购买产品的费用。"

在胡健看来，农夫山泉所有业务所需的软件都由桌面管理系统进行集中控制和分发，员工不能随意安装软件，不能使用MSN等即时通信工具，没有安装相应补丁软件的设备也不被允许登录公司的网络。而且，从管理层到一线员工，都要遵守、执行这些制度。[1]

在过去，大多数终端用户由于不懂得相关技术，当出现故障时，也无法准确描述故障，IT工作人员只能赶到现场排除。当使用JP1桌

---

[1] 兰翎.农夫山泉信息化之路［J］.IT时代周刊，2009（08）：76-77.

面管理系统后,IT技术人员不再像之前那样亲赴现场,只需要通过运行桌面管理系统中的远程控制功能就可以知晓用户计算机的故障情况。不仅如此,IT技术人员还可以通过电话指导用户来解决大多数问题,由此加快了IT部门的服务响应速度,更好地实现了"IT策略与业务方向匹配"的管理目标。

事实上,农夫山泉在信息化中的布局是决胜终端。在快消品行业中,销售终端的竞争最为激烈,同时也是各方都不能松懈的战场。

2007年年底,经过慎重考虑的农夫山泉剑指终端:(1)自己控制营销市场,并着手建立一支直接面向终端的一线业务代表团队;(2)钟睒睒要求管理层能及时地按照一线的实际动态作出相应的决策。

这就大大提高了管理层的管理难度,究其原因,一线业务代表需要把来自终端的订单信息反馈给管理层,而且还需要了解到相关产品促销的实际情况。在此之前,农夫山泉的所有市场信息基本来自经销商的汇报:每个工作日的早晨,业务代表都会收到农夫山泉的短信,内容包含当天需要拜访和调研的门店。业务代表再根据短信提示的线路,逐一走访终端渠道。这种模式的弊端很快凸显出来,尽管农夫山泉有大量一线代表,但其业绩考核只和订单数挂钩,致使业务代表过于依赖经销商的表现,而对销售状况并不做精细化调研。如此一来,一线代表不愿真正深入渠道,农夫山泉所获得的统计信息始终与市场实际需求不一致。问题在于农夫山泉与业务员沟通的单向性,缺乏数据及时反馈的通道,使得业务员关注的重点仍然是销售的数量而非网点的质量。[①]

面对这样的信息堵塞,胡健把营销信息化作为IT团队的工作重

---

① 崔婧.农夫山泉思变[J].中国经济和信息化,2013(07):71-73.

点，带领IT团队，在短短3个月内组织开发了一个"借助GPS服务和全球定位增值业务，把每一个经销商、终端门店都和终端业务员的销售数据集中起来管理"的营销管理短信平台。

这个短信平台的优势是，当业务代表"扫街"时，只需发一条短信就可以完成信息的及时输送，公司也能第一时间获得销售数据，不像之前那样需要手拿小本子在超市的货架旁记录。

据了解，这个营销管理短信平台把获取到的渠道数据分为两大类：（1）大型超市、连锁店等归入现代渠道；（2）学校、报亭、网吧等归入传统渠道。在资料整理过程中，营销管理短信把客户资料分为不同片区，系统把同一片区中的所有客户以线路最优原则链接起来，再对线路进行日期和频次设定，最终分配给业务代表。借助手机终端，农夫山泉实现了对业务代表和销售人员的实时监控、管理，公司的管理触角直接由一级经销商扩展到零售门店，甚至直达终端消费者，牢牢掌握住了渠道。而以电子数据流作为依据，从订单到收货，农夫山泉也能够随时查询、分析所有的数据信息，为决策提供支持。[①]

对于农夫山泉的信息化建设，胡健仍然坚持随需应变："虽然我们具备很强的基于移动商务的研发能力，但是企业需求是不断变化的，我们要在使用过程中不断发现问题。根据企业不断变化的业务需求及时调整开发新的功能模块，不断持续完善系统，做到随需应变。"

手机终端的推出，要求相关人员在终端系统平台上操作业务。例如，当货物从仓库中运出时，仓库管理员和保安必须通过手机终端发送物品的状态信息到系统平台上。当货物送达后，经销商也必须传送相关的运单信息到系统平台。

---

① 崔婧.农夫山泉思变［J］.中国经济和信息化，2013（07）：71-73.

大多数情况下，一个业务代表的岗位责任繁重：（1）需要负责其辖区内的300~500家门店的信息反馈；（2）平均每天需要拜访30个客户。这两项岗位职责耗费了业务代表的大量时间，有时甚至超过其调研本身。

当业务代表使用移动商务系统传输信息后，其效率就体现出来了，具体表现在：移动商务系统为业务代表科学地规划了线路，并把终端客户合理地分布在拜访的路线上，大大地提高了业务代表的工作效率。同时，农夫山泉还实现了实时采集和汇总业务代表在拜访客户时的跟踪、销售数据等信息。

胡健说道："在销售高速发展的情况下，我们需要一个能够承接1000亿销售额的数据库，至少在5年之内，这种投资是有效的。与此同时，数据库还需要配套一个实时的、逻辑处理高效、数据展现快速的工具。"

启动数字化供应链

对于传统企业来讲,要想降低产品成本,流程管理就尤为重要。当生产成本无法降低时,只能通过管理手段降低其他环节的成本,比如供应链。在流程管理中,农夫山泉凭借有效的供应链,大大提升了自己的竞争力。究其原因,在传统瓶装水市场,供应链的痛点来自成本和利润的双重压力。

根据农夫山泉招股书披露的数据测算,原材料成本占营收的19.4%。

从成本结构不难看出,农夫山泉的包装成本、制造成本接近出厂价的1/3,但是相比行业平均水平来讲,农夫山泉已经在流程管理中尽可能地控制成本了。根据招股书显示,瓶装水的主要原材料——PET塑料,农夫山泉近三年的采购价分别为6426元/吨、8097元/吨和7074元/吨,平均比同行低10%~15%。[1]

由此可见,在农夫山泉的经营中,提升毛利的一个重要途径,就是降低包含运输费用在内的供应链成本。据胡健介绍,"2004年到2007年,农夫山泉的销售额一直维持在20亿元,增长极度缓慢。但是从2008年起,农夫山泉却每年以30%~50%的速度增长。"

这样的规模增长,与农夫山泉打造数字化供应链有关。曾任农夫山泉首席信息官的胡健直言不讳地称,农夫山泉能够实现利润增长,诀窍就在供应链。

---

[1] 胡雪芹.钟睒睒的"农夫帝国"发力数字化供应链,靠卖瓶装水也能当亚洲首富[EB/OL].

2019年5月16日，农夫山泉在上海成立上海农夫山泉供应链科技有限公司，注册资本5000万元。

根据爱企查信息显示，公司法人代表、总经理为郭振，也是农夫山泉整体运营和生产副总经理，而农夫山泉董事长钟睒睒是上海农夫山泉供应链科技有限公司的执行董事，江晓冬担任上海农夫山泉供应链科技有限公司的监事。

对于供应链的重视，农夫山泉有着自己的步骤。2018年4月10日，商务部市场体系建设司发布《商务部等8部门关于公布全国供应链创新与应用试点城市和试点企业名单的通知》（下称《通知》）。此次《通知》的试点城市重点任务有如下六个：

（一）推动完善重点产业供应链体系。一是建立健全农业供应链。结合本地特色农业，优先选择粮食、果蔬、茶叶、药材、乳制品、蛋品、肉品、水产品、酒等重要产品，立足区域特色优势，充分发挥农业产业化龙头企业示范引领作用，推动供应链资源集聚和共享，打造联结农户、新型农业经营主体、农产品加工流通企业和最终消费者的紧密型农产品供应链，构建完善全产业链各环节相互衔接配套的绿色可追溯农业供应链体系。二是积极发展工业供应链。结合本地主导产业，优先选择钢铁、煤炭、水泥、玻璃等相关产业，推动企业打造供需对接、资源整合的供应链协同平台，提高产业协同效率，推动降成本、去库存和去产能，助力供给侧结构性改革。在与消费升级密切相关的产业中，优先选择家电、汽车、电子、纺织等，推动企业构建对接个性化需求和柔性化生产的智能制造供应链协同平台，提高产品和服务质量，满足人民日益增长的美好生活需要。针对必须抢占制高点的战略新兴产业，充分调动各方资源，打造合作紧密、分工明确、集成联动的政产学研一体化的供应链创新网络，推进大型飞机、机器人、发动机、集成电路等关键技术攻关和产业发展。三是创新发展流通供应链。推动企业与供应商、生产商的系统对接，构建流通与生产深度融合的供应链协同平台，实现供应链需求、库存和物流实时共享可视。推动企业建设运营规范的商品现货交易平台，提供供应链增值服务，提高资源配置效率。促进传统实体商品交易市场转型升级，打造线上线下融合的供应链交易平台，促进市场与产业融合发展。鼓励传统流通企业向供应链服务企业转型，建设供应链综合服务平台，提供研发、设计、采购、生产、物流和分销等一体化供应链服务，提高流通效率，降低流通成本。推进城市居民生活供应链体系建设，发展集信息推送、消费互动、物流配送等功能为一体的社区商业，满足社区居民升级消费需求，提高居民生活智能化和便利化水平。

（二）规范发展供应链金融服务实体经济。推动供应链核心企业与商业银行、相关企业等开展合作，创新供应链金融服务模式，发挥上海票据交易所、中征应收账款融资服务平台和动产融资统一登记公示系统等金融基础设施作用，在有效防范风险的基础上，积极稳妥开展供应链金融业务，为资金进入实体经济提供安全通道，为符合条件的中小微企业提供成本相对较低、高效快捷的金融服务。推动政府、银行与核心企业加强系统互联互通和数据共享，加强供应链金融监管，打击融资性贸易、恶意重复抵质押、恶意转让质物等违法行为，建立失信企业惩戒机制，推动供应链金融市场规范运行，确保资金流向实体经济。

（三）融入全球供应链打造"走出去"战略升级版。推动本地优势产业对接并融入全球供应链体系，开展更大范围、更高水平、更深层次的国际合作，向全球价值链中高端跃升，打造更具全球竞争力的产业集群……

（四）发展全过程全环节的绿色供应链体系。推动深化政府绿色采购，行政机关和使用财政资金的其他组织应当优先采购和使用节能、节水、节材等环保产品、设备和设施，并建立相应的考核体系。研究制定重点产业企业绿色供应链构建指南，建立健全环保信用评价、信息强制性披露等制度，依法依规公开供应链全环节的环境违法信息。支持环境保护技术装备、资源综合利用和环境服务等环境保护产业的发展。加大对绿色产品、绿色包装的宣传力度，鼓励开展"快递业＋回收业"定向合作，引导崇尚自然、追求健康的消费理念，培育绿色消费市场。

（五）构建优质高效的供应链质量促进体系。加强供应链质量标准体系建设，推广《服务质量信息公开规范》和《服务质量评价工作通用指南》，建立供应链服务质量信息清单制度。加强全链条质量监管，开发适应供应链管理需求的质量管理工具，引入第三方质量治理机制，探索建立供应链服务质量监测体系并实施有针对性的质量改进。引导企业树立质量第一的意识，提高服务质量，创新服务模式，优化服务流程，为客户提供安全、诚信、优质、高效的服务。鼓励企业加强供应链品牌建设，创建一批高价值供应链品牌。

（六）探索供应链政府公共服务和治理新模式。以完善政策、优化服务、加强监管为重点，改革相关机制，出台相关支持政策措施，宣传推广供应链思维、理念和技术，营造供应链创新与应用的良好环境。积极打造供应链公共服务平台，研究设立供应链创新产业投资基金，建设供应链科技创新中心，支持供应链前沿技术、基础软件、先进模式等的研究与推广。加强供应链标准体系、信用体系和人才体系等支撑建设。①

农夫山泉启动数字化供应链，源于应需而变。在《"十四五"信息通信行业发展规划》中，工业和信息化部明确提出，到2025年，基本建成高速泛在、集成互联、智能绿色、安全可靠的新型数字基础设施。作为夯实数字经济发展基础、扩大投资的有效手段，"新基建"被多次写入各地政府工作报告中，成为打造新经济增长引擎的重要抓手。

作为数字化转型基础，同时也是肩负其他"新基建"纽带作用的5G网络，正在如火如荼地建设中。赛迪研究院工业经济研究所副所长韩建飞介绍说："各地将以新一轮5G建设为核心，布局工业互联网、大数据、云计算等，开展大数据应用试点示范，聚焦重点行业加速推进'5G+工业互联网'应用，提升企业数字技术应用能力，推动经济转型升级。"

在韩建飞看来，5G网络的建设必然赋能各行各业的数字化转型，提升其竞争力。在传统企业的转型中，数字化供应链就是其中一部分。所谓数字化供应链是基于互联网、物联网、大数据、人工智能等新一代信息技术和现代化管理理念方法，以价值创造为导向、以数据为驱动，对供应链活动进行整体规划设计与运作的新型供应链。具体应用表现为以下几方面：（1）供应链企业之间链接更加紧密，通过数字化、智能化等技术，使企业之间信息交流更畅通。（2）通过物联网大数据分析，对产品的供给与需求有所掌控，实现按需生产和销售。（3）使企业在供应链中具有更加灵活多变的经营模式，通过互联网思

---

① 商务部市场体系建设司.商务部等8部门关于开展供应链创新与应用试点的通知［EB/OL］.

维、智能化工具等配置，寻求更多的经营渠道，提升企业竞争力。

在这样的大背景下，数字化供应链已经成为生产企业降本增效的一个新抓手。农夫山泉成立上海农夫山泉供应链科技公司就是启动数字化供应链引擎的重要一步。其比较优势有如下两点：

1. 数字化供应链管控，最大化地节约成本

作为传统企业转型升级具体实施的数字化供应链，必然是以需求为前提的。对于数字化供应链，钟睒睒说道："传统企业要学会发出自己的声音，不能让互联网左右舆论的方向，你的品牌就是你的声音，你的历史就是你最好的故事……未来社会为传统企业创造了非常多的知识窗口。传统企业应该把大数据和人工智能作为加速自己知识进程的一种工具，加强自己的知识力量，在各自领域中，去发掘所未知的，属于你的独一无二的新知识。让知识变成你真正的核心竞争力。"

在瓶装水供应链建设上，农夫山泉率先引入了JDA供应链计划系统，用来管理需求预测、协同计划、主生产计划、补货计划等业务信息化。

对于引进JDA供应链计划系统，2015年7月21日，JDA软件集团宣布，农夫山泉股份有限公司已成功实施需求管理、补货管理、协同管理。这些解决方案将帮助农夫山泉精准预测季节性需求波动，在需求发生变化时更好地管理供应链库存。

对此，JDA软件集团副总裁弗雷德·鲍曼（Fred Baumann）说道："JDA为企业带来了崭新的功能，可在降低供应链成本的同时提升货架商品有货率。我们非常兴奋，这一技术可以解决客户长期以来的困扰，使零售商及供应商能够基于相同的数据进行预测，为客户带来显著的商业价值。"

农夫山泉多数产品需求都具有明显的季节波动性。此前,农夫山泉一直使用自行研发的技术进行产品需求预测和库存管理。但是,这些工具缺乏应对产品季节性的必要功能,也无法综合考虑整个供应链的输入信息。因此,农夫山泉在需求高峰时会出现产品缺货,而在需求低谷时又会遭遇库存过剩。

根据《物流技术与应用》2015年第八期披露:"现在,在JDA解决方案的有力支持下,预测的准确性大幅提升。农夫山泉已能够制定出53周滚动需求预测,并每周进行更新。根据预测结果生成从工厂到分销中心的日滚动计划,用以指导生产。此外,预测结果还用于指导12个月的滚动采购计划。"

该信息得到农夫山泉供应链总监陈楚的印证:"有史以来,农夫山泉第一次能够根据供应链的反馈信息制定需求预测,并根据需求变化每周进行调整。本次项目实施非常成功。由于本项目着眼的是农夫山泉最重要的业务需求,因此这不仅仅是一个IT项目,更是一个战略项目。"

陈楚补充道:"农夫山泉选择JDA作为软件提供商主要基于以下两点考虑:首先是JDA在中国已经帮助其他许多面临类似挑战的企业成功实施了软件项目;其次就是JDA解决方案的强大功能。JDA解决方案具备极高的可视性,并提供跨职能计划平台,显著提升了我们供应链的一致性和协同能力。JDA软件利用先进的逻辑和算法,帮我们实现了销售、物流、生产各职能部门在同一个高度协同的端到端网络进行作业,大幅提高了运营稳定性和效率。"

JDA亚太区总裁阿米特·巴戈(Amit Bagga)指出:"在企业优化库存水平、实现全年利润目标的过程中,季节性需求波动是其面临的一个重大挑战。能有机会帮助农夫山泉建立高度精准的协同性预测计划,指导寻源、生产和库存管理工作,并在其中扮演了关键角色,我们对此深表荣幸。双方此次成功合作必将为农夫山泉带来新的竞争优势,进一步巩固农夫山泉在瓶装水和饮料市场上的领导地位。"①

2.通过仓配一体的数字化供应链,农夫山泉的效率进一步提升

数字化供应链是基于传统供应链模式,融合应用互联网大数据及智能化工具的高效供应链模式。随着云计算、物联网、互联网大数据、人工智能等数字化技术的不断发展,为数字化供应链提供了技术支持,为供应链的进一步优化注入强大的动力,促进供应商、企业和客户之间的互联互通。

当实施数字化供应链后,农夫山泉缩减了城市仓,仓配效率进一步得以提升。传统的靠全国各地办事处提报"1+3"月销售预测模式,改由生产管理部门按历史数据做统计预测、办事处进行调整,使用调整之后的12个月的共识预测驱动供应链计划。②

---

① 农夫山泉利用JDA软件实现库存与季节性需求波动相匹配[J].物流技术与应用,2015(08):143.

② 胡雪芹.钟睒睒的"农夫帝国"发力数字化供应链,靠卖瓶装水也能当亚洲首富[EB/OL].

第8章

成本管控精细化

人工智能和大数据并不是新东西，1956年，美国科学家就已经提出"人工智能"，1980年，未来学家托夫勒提出了"大数据"。人工智能和大数据不是互联网企业的专利，它们只是企业的装备、工具、智能和统计手段而已。

人类在存储、记忆方面不如电脑，这是事实。但阿尔法狗是一种完全的理性，一种人类设定的静态规则之中的理性，但理性并不是人类进步的全部。人类大脑的复杂性和创造力是无法预知的，不应当强制所有人朝着一个方向发展。人类进步的方向在绝大多数状态下也是未知的。

从历史上看，大数据、人工智能，只是人类进步过程中的其中重要一步。而人类进步过程中更多的原创性则来自偶然发现。从偶然中推出规律，用规律推动世界进步。大数据、人工智能是从数据中推演数据，而人类的智慧在于人类仍然扮演着选择、判断、存贮和处理数据的关键作用。

——农夫山泉创始人　钟睒睒

控制并降低成本

根据农夫山泉在IPO时披露的信息,农夫山泉之所以能够在资本市场受欢迎,关键之一就是高毛利率。招股书数据显示:2017年~2019年,农夫山泉各个品类的毛利率均超50%,其中农夫山泉包装饮用水的毛利率接近60%。按一瓶水2元计算,卖一瓶赚1.2元。而同期做包装饮品的康师傅,饮品毛利率仅为33.69%,统一饮品的毛利率则为39.9%。[①]

农夫山泉是如何控制并降低成本,进而实现远高于同行的高毛利率呢?对此,管理会计专家邹志英在接受媒体采访时直言:"有3种情况会导致毛利增加:第一,在单价不变的情况下,销量增加,会导致毛利上升;第二,在销量不变的情况下,单价提升,会导致毛利上升;第三,在收入不变的情况下,成本下降也会导致毛利上升。"

邹志英介绍说:"在提升销售数量方面,农夫山泉采用了三种手段:一是布局强大的销售网络,扩大消费触及率;二是通过品牌运作提升市场占有率;三是提早布局饮料市场,持续打造明星产品。这都是增加毛利空间的有效方式。"

1. 布局强大的销售网

回顾农夫山泉的渠道变革,钟睒睒发力布局强大的销售网,主要采用经销商+直营模式。2019年,农夫山泉通过经销商分销的收益

---

① 屈丽丽.农夫山泉:关于"水"的战争[N].中国经营报.

占总收益的94%以上。公开数据显示，农夫山泉通过4280名经销商，覆盖了全国237万个以上的终端零售网点，其中78.9%终端零售点位于三线及以下城市。①

（1）经销商。招股书显示，农夫山泉主要采用一级分销模式，通过委聘经销商分销农夫山泉的产品。

（2）直营模式。农夫山泉在全国近300个城市投放了近60000台自动贩卖机，进一步拓展了线下的销售网点，更好地触达终端用户。农夫山泉招股书写道："我们亦对采购额较大、信用较好的客户采取直营模式。我们的直营客户主要包括全国或区域性的超市、连锁便利店、电商平台、餐厅、航空公司以及集团客户等。通过为各直营客户提供定制化的销售计划、市场活动方案，我们的产品得以更有效地出现在直营客户的终端零售网点中。截至2020年5月31日，我们拥有247名直营客户。"

在发货方面，农夫山泉对经销商和直营客户的差异较大。（1）对于经销商，农夫山泉通常在其付款后发货。（2）对于直营客户，农夫山泉授予其不超过90天的信用期。农夫山泉招股书介绍道："在销售高峰来临前，如春节、夏季或电商年度活动前，我们直营客户通常因提前备货而导致贸易应收款项及应收票据增加。我们对直营客户销售所得收益由2017年的8.81亿元增至2018年的11.13亿元，并进一步增至2019年的13.98亿元，复合年增长率为26.0%。截至2019年5月31日止五个月的直营客户销售所得收益从4.85亿元增加13.8%至截至2020年5月31日止五个月的5.52亿元。我们的贸易应收款项及应收票据余额由截至2017年的1.94亿元增至2018年的2.23亿元，并进一步

---

① 屈丽丽.农夫山泉：关于"水"的战争［N］.中国经营报.

增至2019年的3.06亿元，复合年增长率为25.6%。截至2020年5月31日，我们的贸易应收款项及应收票据余额为4.22亿元。"

此外，农夫山泉还利用经销商管理的信息系统——NCP系统来管理客户："我们的NCP系统旨在帮助我们有效地管理与经销商的合作关系。NCP系统包括两个部分，即经销商管理系统及终端零售门店管理系统。经销商管理系统包括经销商自主下单、进销存管理、对账单等。我们所有的经销商均使用该系统并同我们共享进销存信息。终端零售门店管理系统主要供经销商的一线销售人员及我们的销售管理人员使用。该系统有手机端及计算机端。手机端可以供一线销售人员管理终端门店的陈列活动、陈列费用，拍摄并上传终端零售门店的陈列情况，管理销售区域内的冰柜等销售设施。我们的销售管理团队亦可使用该系统了解一线销售人员的日常工作及市场表现，并通过NCP系统计算机端规划终端零售门店走访计划。"

通过NCP系统有效监控经销商的存货管理问题："我们要求经销商使用我们的NCP系统，掌握并分析经销商存货情况。我们的NCP系统基于历史数据和分销绩效的组合自动生成库存警报，从而帮助我们及时提供有关经销商分销活动的指导。该警报和指导目的在于防止经销商的存货积压。我们在产品覆盖的省市县都有销售管理人员，我们要求销售人员定期辅导经销商及检查零售点，并检查经销商的存货结余及销售表现。经销商存货是我们与经销商续约时考量因素之一。如果我们经信息系统或现场检查发现经销商存货水平处于不合理的状态，我们可能不会与该经销商续约。"

鉴于此，在渠道监察环节，截至2020年5月31日，农夫山泉专门建立了一支超过300人的审计稽查队伍，在大数据分析的基础上，定期实地盘点经销商库存，对市场活动执行情况、产品在终端售点的销售情况、货龄情况进行抽样，全方位把控业务风险。

2. 提早布局饮料市场，持续打造明星产品

农夫山泉除了有瓶装水产品外，还有茶饮料、功能饮料和果汁饮料三大产品，对比其他已上市的饮料公司而言，农夫山泉的毛利率占据首位。

邹志英坦言："从提早布局饮料市场来看，农夫山泉的研发提早市场进入很多年，这是其能持续打造明星产品的重要保证，也是增加毛利空间的重要前提。"

邹志英分析说："这说明农夫山泉在其他三大产品中的竞争力也很强，每一部分的产品都有超过10年的明星单品，这跟农夫山泉提早布局饮料市场，注重研发并不断推出网红明星产品有关。爆品是利润的来源。在饮料市场激烈的竞争下，无论是茶饮料的'东方树叶'，还是炭仌咖啡、水溶C100、农夫果园、尖叫、植物酸奶等，这些爆款都受到了消费者的欢迎。"

当然，在提升毛利上，还可以通过提升单价来达成——即使销量不变，其毛利也可以增加。2024年9月，在农夫山泉的送水到府平台上查询到，两件19L一次性桶装天然水的价格为55元，单桶价格为30元，而农夫山泉19升桶装水的价格在2022年初由26元/桶调整到28元/桶。此外，农夫山泉在不同地区的售价也有所不同，这些价格变动体现了企业在面对成本变化时的市场策略调整。

2022年半年报中，农夫山泉也提到："工信部数据显示，2022年1月至6月，全国规模以上饮料制造企业产量同比下降1.5%至9066.2万吨。6月当月饮料产量1828万吨，同比下降2.8%。此外，国际油价今年上半年呈快速上升、高位宽幅震荡走势。复杂的地缘政治冲突带来了原油价格变化的波动性和不确定性。我们生产产品包装最主要的原材料PET是原油的下游产品。原油价格的上升和不确定性给我们的生产成本控制带来压力。"

据农夫山泉招股书披露，农夫山泉生产产品所使用的原材料及包装材料为销售成本的两大组成部分：

（1）原材料主要为生产瓶身的PET、瓶盖、标签、糖、果汁等，该部分成本于2017年、2018年、2019年以及截至2019年5月31日及2020年5月31日止五个月各占我们销售成本总额的60.7%、60.9%、61.7%、63.9%及58.0%。

（2）包装材料主要包括纸箱及收缩膜等，该部分成本于2017年、2018年、2019年以及截至2019年5月31日及2020年5月31日止五个月各占农夫山泉销售成本的13.5%、14.0%、13.0%、13.0%及14.6%。

对于农夫山泉的提价，九德定位咨询公司创始人徐雄俊说："农夫山泉先在一二线城市涨价试水，之后有可能会推广到全国。"

广科院旗下广科咨询首席策略师沈萌分析说："产品涨价主要与运营成本的变动有关。一线城市的运营成本上涨幅度高于其他城市，所以对于桶装水这样一个完全竞争的市场，除非出现行业性普遍涨价，否则并不会短期内集中出现全国性普涨。"

在沈萌看来，涨价的主要诱因是一线城市上涨的运营成本所致，这印证了农夫山泉执行董事周震华在2022年3月的一场分析师业绩会上的观点，成本压力已经"超过企业单方面可以去消化的水平"。因此，农夫山泉的首选是通过提升经营效率消化成本，而由于市场及成本端变动大，竞品也有调价动作，农夫山泉也在持续观望。

自2021年以来，农夫山泉就频频在财报中提及成本上涨问题。2022年中报显示："俄乌冲突持续为全球能源市场带来不确定性。

2022年原油价格上涨，作为原油的下游产品PET等原料价格亦出现明显上涨。这加大了以PET等材料作为产品包装主要原料的饮用水和饮料企业的成本压力。"同时提到，"2022年本集团录得收益332.39亿元，较2021年的296.96亿元增加11.9%。2022年本集团毛利为190.95亿元，较2021年的176.56亿元增加8.2%。报告期内本集团毛利率则由去年同期的59.5%下降2.1%至57.4%，这主要是由于国际原油价格变动使得本集团PET采购成本提高。"

随着成本的增加，农夫山泉的提价也就在情理之中。对此，徐雄俊直言："原材料价格上涨是农夫山泉成本拉高的最核心原因。近几年随着消费升级趋势和消费意识的转变，一些消费者愿意花更高的价格买更好的饮用水，一定程度上企业涨价算是顺势而为。当然，对于当下面对的成本压力，产品提价是企业缓解压力比较好的办法。"[1]

---

[1] 郭秀娟，张函.困在成本里的农夫山泉［N］.北京商报.

控制生产边际成本

要想控制成本,不仅需要提升管理水平,同时还需要控制生产边际成本。对于农夫山泉的成本支出,邹志英介绍:"从降低成本来说,农夫山泉采用了两大手段:一是控制生产边际成本;二是通过遵循'500公里运输半径',布局水源地,大幅降低运输成本,以此提高毛利空间。"

邹志英补充道:"农夫山泉不生产水,但需要搬运水,水是不花钱的,只需要负担一些低廉的取得成本,即缴纳一定的水资源费。但'搬水',就要建立生产线,对水进行过滤、杀菌、吹瓶、灌装、包装等一系列全自动化生产,所以需要购买生产线……2014年,农夫山泉在瓶装水生产设备及厂房建设上投资了4.6亿元,平均使用年限是5到10年。这意味着生产边际成本几乎为0,产量越大,规模经济优势越显著。"[1]

1. 规范科学生产流程

在生产流程方面,下图概述了农夫山泉包装饮用水产品及饮料产品生产流程的主要步骤,见图8-1。

在招股书中,农夫山泉是这样披露的:

我们对原水做必要的处理,包括过滤及杀菌。其中过滤包括:

---

[1] 屈丽丽.农夫山泉:关于"水"的战争[N].中国经营报.

（1）粗滤；（2）精滤；（3）膜过滤。

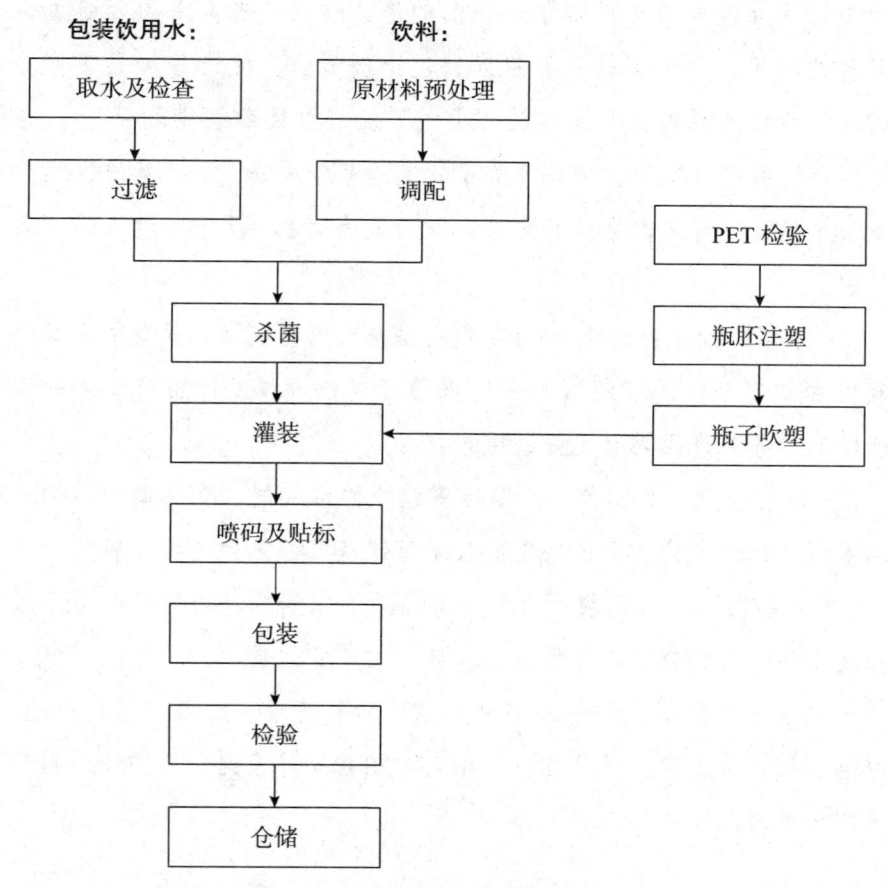

图8-1　农夫山泉包装饮用水产品及饮料产品生产流程

我们通过原材料预处理、调配、杀菌、灌装、包装等工艺生产饮料产品。

- 原材料预处理阶段，我们根据原材料的不同，对原材料进行检验、清洗、解冻等工作。我们使用先进的工艺，尽可能保留原材料的风味。如我们的茶饮料（包括"茶π"及"东方树叶"）使用新鲜茶叶为原料，通过萃取工艺提取茶汤。

- 调配阶段，我们会根据指定配方调配不同的原材料，以满足消费者对于功能或口味的诉求。我们的果汁饮料"农夫果园"通过将多种浓缩果汁、蔬菜汁等原料以特定比例混合，使产品兼具营养及风味；我们的功能饮料（包括"尖叫"及"力量帝维他命水"），亦根据不同的产品类型，额外添加了特定的营养成分，如矿物质、维生素、牛磺酸、可溶性膳食纤维等，以满足消费者对于营养物质的不同需求。

- 杀菌阶段，我们使用UHT超高温瞬时灭菌或加热灭菌的方式以确保食品安全。UHT超高温瞬时灭菌可以最大程度保留产品中的营养物质，并使产品具有更好的风味。

- 灌装阶段，我们使用无菌冷灌装或热灌装的方式将调配后的产品灌装入PET瓶内。无菌冷灌装技术可以使产品保持更好的风味。

- 包装阶段，我们将产品贴上标签后装箱码垛。所有产品会经过多道工序进行检查，以更好地保障我们的产品质量。

我们亦会选用我们鲜果基地产出的新鲜苹果、鲜橙，经过清洗、分选和榨汁等工序，作为"农夫山泉"NFC果汁系列和"17.5º"果汁系列的原料。

2.规范科学质量控制

（1）农夫山泉建立了符合国际标准的闭环企业质量管理体系。在生产流程中，农夫山泉建立了符合国际标准的闭环企业质量管理体系，涵盖原材料及包装材料供应链、产品制造、仓储、物流及销售。据招股书披露："我们对原材料及包装材料供货商实行严格准入、定期考核、差评淘汰制度，以严控原料供应端质量。我们在整个产品加工流程中严格执行产品安全及质量控制标准，并采取相应的管制措施,以保证我们所有产品均符合相应的国家安全标准以及更为严格的公司内部质量标准。我们还设立了专门的渠道及产品保证团队、信息追溯系统,将质量控制延伸至储运和销售环节。"

(2)质量认证。农夫山泉已建立严格的质量保证系统,以确保其产品的质量:"自2004年以来,我们已陆续通过ISO9001质量管理体系、ISO22000食品安全管理体系及ISO14001环境管理体系的认证。自2014年起,我们建立并不断改进适合我们且符合国际标准的农夫山泉质量管理系统。我们通过PDCA循环方法优化质量管理体系,同时将统计过程控制及其他质量工具也运用到实际工作中。我们通过农夫山泉管理系统的有效实施和持续改进,保障在国内不同生产基地持续提供优质产品。"

(3)质量控制。关于质量控制,主要有如下几个方面。

①原料质量控制。农夫山泉已实施供货商认可和评估制度,并创建合格供货商目录,其中明确供货商名称、联系方式、资质、所提供的产品及服务、评价、产品交付记录及其他关键信息。农夫山泉定期对供货商的价格、交付周期、售后服务、产品质量及现场审核结果等各方面的绩效进行评估,未通过评估的供货商将被降级或从供货商目录中剔除。对于关键原材料及包装材料,农夫山泉至少与两名合格供货商合作,以减少与产品供有关的风险。为了防止不合格原材料及包装材料用于生产,农夫山泉建立了进货验收制度,对到厂的每批原材料进行检验,只有符合标准的原材料及包装材料才能接收。

②生产过程质量控制。农夫山泉遵循所有与产品生产相关的标准,包括国家的强制性标准及内部标准。农夫山泉建立了完善的操作程序,对整个生产过程进行质量控制,确保产品质量符合要求。农夫山泉要求参与生产活动的人员遵守严格的卫生标准。在进入生产区域

之前，农夫山泉的生产人员必须更换清洁的工作服，包括帽子及鞋靴，并进行清洁。对于加工过程中的设备和器具，农夫山泉根据其功能和用途遵循不同的清洗消毒要求，以确保产品安全。在整个生产过程中进行全面的监督检查，以确保农夫山泉所有的生产设备、器具和人员操作等均符合国家的强制性标准以及自身更为严格的内部标准。

③成品质量控制。

• 农夫山泉拥有专门的质量团队对其产品的储存、交付及销售过程进行质量管理。据招股书披露，该团队负责管理及监察储存、运输及销售阶段的产品质量，以确保农夫山泉的产品以良好的状况储存、运输及出售，避免产品在流通过程中出现质量问题，例如标签丢失或因为运输产品过程中的过热及突然的剧烈撞击或其他不利情况导致的食品安全风险。

• 通过位于国内不同地区的销售人员，农夫山泉可每月对市场上出售的产品进行随机抽样检查，并对产品进行统一检测，以全面追踪产品生命周期内的质量状况，从而识别潜在质量风险及确保产品的质量稳定。随机抽样检查的结果与生产部门员工的绩效评估挂钩，以促进员工关注产品质量，使产品质量保持稳定并不断提升。

• 农夫山泉亦设立程序处理消费者投诉，包括消费者服务热线及其他反馈机制。招股书披露："在处理消费者投诉时，我们承诺及时与消费者沟通及联络，并于必要时开展质量调查程序。"

• 每个生产工厂均制订了产品召回程序，每年至少进行一次产品召回演练，旨在竭尽所能降低食品安全问题带来的风险。

精细化库存管理

物流及仓储开支构成农夫山泉销售及分销开支的最大组成部分："于2017年、2018年、2019年，截至2019年5月31日止及2020年5月31日止五个月各占总收益的13.4%、11.0%、10.5%、10.1%及10.4%。我们采用公路、铁路和水路多种运输方式将产品送达全国市场。于往绩记录期间，我们的物流及仓储效率的提高主要是由于：（1）增加工厂直接向客户发货的比例，减少仓库和中转运输环节；（2）完善了物流服务提供商的遴选程序从而选择更加高效的物流服务提供商；（3）随着经销商销售规模的扩大，单次运输的产品量增加，单位运费成本得以降低。"

鉴于此，农夫山泉的"水源—工厂—产地"模式，决定了瓶装水产业链中最贵的是运输成本。邹志英说："在瓶装水行业里有一条'500公里运输半径'的经验理论，就是说运输半径超过500公里，运输成本会蚕食利润空间。围绕'500公里运输半径'定律所产生的物流成本，是最值得严控的部分，否则产品有可能运至半路就已经亏钱了。"[①]

招股书印证了邹志英的观点："我们独具战略眼光，提前布局十大优质水源，形成了长期稳定的竞争优势。我们的包装饮用水产品全部源自天然水源。根据弗若斯特沙利文报告，这在中国前五大包装饮用水企业中是独一无二的。我们所选择的水源所在地生态环

---

① 屈丽丽.农夫山泉：关于"水"的战争［N］.中国经营报.

境卓越，水量充足，保障了包装饮用水产品的长期供应能力。我们在水源探寻和可行性论证方面积累了丰富经验。我们对每个水源都会进行长周期的水质监测、水量补给考察、建厂条件评估和运力评估。"

从1996年成立至今，农夫山泉已成功实现了对十大优质水源地的布局，见表8-1。

表8-1 农夫山泉布局的十大优质水源地

序号	水源地	区域	水源类型	水源地特点
1	浙江千岛湖	华东	深层湖水	水源源自千岛湖。千岛湖水域面积573平方公里
2	吉林长白山	东北	矿泉水及自然涌出泉水	水源源自长白山。长白山森林生态系统是亚洲东部的典型森林生态系统。长白山区域总面积1964平方公里，森林覆盖率达88%，年降水量700毫米—1400毫米。生产工厂所在的靖宇县和抚松县已经发现的自涌泉年涌水量分别为0.396亿吨和0.474亿吨
3	湖北丹江口	华中	深层库水	水源源自丹江口水库。丹江口水库是国家南水北调中线工程水源地，水域面积745平方公里，储水量290.5亿吨
4	广东万绿湖	华南	深层湖水	水源源自万绿湖。万绿湖是华南地区第一大湖，水域面积370平方公里，储水量139亿吨
5	新疆天山玛纳斯	西北	深层地下水	水源源自北天山中段冰川雪融水，取自玛纳斯地下河床170米。玛纳斯年径流量达15亿吨，是新疆水资源最丰富的地区之一

续表

序号	水源地	区域	水源类型	水源地特点
6	四川峨眉山	西南	山泉水	水源源自峨眉山。峨眉山森林覆盖率达87%，年平均降水量为1922毫米，是公认的优质天然水源地。生产工厂所在的峨眉山市年平均水资源可利用总量为14.48亿吨
7	陕西太白山	西北	山泉水	水源源自太白山。太白山是青藏高原以东第一高峰，终年积雪，森林覆盖率达94.3%，每年可蓄降水2.47亿吨
8	贵州武陵山	西南	山泉水	水源源自贵州武陵山。武陵山主峰位于贵州铜仁，武陵山是中国亚热带森林系统核心区及长江流域重要的水源涵养区。生产工厂所在的碧江区和江口县年平均地表水资源总量分别为7.4亿吨及17亿吨
9	河北雾灵山	华北	山泉水	水源源自雾灵山。雾灵山是燕山山脉主峰，森林覆盖率达93%，涵养了大量优质水源，是京津地区重要的水源地。生产工厂所在的兴隆县年平均地表水资源总量为7.4亿吨，地下水资源总量为2.6亿吨
10	黑龙江大兴安岭	东北	矿泉水	水源源自大兴安岭漠河。漠河地处大兴安岭山脉北麓，森林覆盖率达92%，地下水资源总量5.78亿吨

在钟睒睒看来，稳定及可持续供应的天然优质水源对农夫山泉的

业务营运至关重要。因此，农夫山泉对每个水源均经过长期水质监测、水量补给考察、取水可行性评估以及建厂条件评估等程序，才最终确定为取水水源。截至2020年5月31日，农夫山泉已经在全国的十个区域获得天然优质水源的取水许可证或者与第三方持有取水许可证的国有供水公司订立供水协议，并在其周边建立了生产基地。

截至2020年5月31日，农夫山泉拥有12个生产基地，总计144条包装饮用水及饮料生产线、七条鲜果榨汁线及三条鲜果生产线。农夫山泉招股书披露："于往绩记录期间，我们各生产基地的生产线使用率存在波动，主要因为：（1）随着销售规模的扩大，部分生产线使用率提高；（2）产能扩大往往需要提前布局，当销售规模的扩大不足以覆盖新增生产线的产能时，则产能的扩大会导致生产线的使用率下降；（3）出于物流配送成本等因素考虑，我们会定期对各生产基地的产能规划进行调整，将一个生产基地的部分生产需求调出至其他生产基地，这可能导致原生产基地生产线使用率降低。"

"于往绩记录期间，我们主要凭持有的取水许可证或采矿许可证（仅适用于矿泉水）直接从水源地集水。在少数情况下，我们与持有取水许可证的第三方国有供水公司签订供水协议，从该供水公司购水。我们根据相关法律及法规规定定期支付水资源费（或当地政府规定的水资源税）及矿产资源税（仅适用于矿泉水）。于往绩记录期间，我们未曾因缺水或无法续期取水许可证而影响生产。我们预计日后发生缺水或无法续期取水许可证的可能性非常低。"

对水源地的确定，是一个复杂的过程。在提前布局前，首先得确定期望的水源地。根据招股书介绍，"要成为我们取水的水源地必须通过我们的初步筛选，以及政府监管部门的一系列审评和审批。我们对水源地的初步筛选包括对候选水源地的长期水质监测、水量补给考察、取水可行性评估及建厂条件评估。我们会收集候选水源地的地貌特征、水文数据并考察水源周边环境，包括是否有污染源、水源的自洁能力等。我们会长达数年持续跟踪监测候选水源地至少143项水质指标，并在此期间与不同的第三方专业机构进行合作，编制方案或报告，对水源进行综合论证评估。我们根据水源地地形条件、水质特征等因素初步设计取水方案，落实水源地周边符合建厂条件的地块。"①

与此同时，候选水源地经过农夫山泉初步筛选后形成项目方案。据招股书披露，"我们通常会聘请有工程单位咨询资质的第三方专业机构编制可行性研究报告，并上报水源所在地相关部门进行立项备案。可行性研究报告的内容主要包括建设条件与厂址选择、环境保护、安全及消防、节能、投资估算、财务评价等。"②

招股书还披露，农夫山泉亦根据《取水许可和水资源费征收管理条例》的规定聘请具有建设项目水资源论证资质的第三方专业机构进行水资源论证工作，包括对项目所在区域水资源及开发利用状况进行分析，对项目用水合理性、取水水源（包括地表水和地下水）、取水影响、退水影响进行论证，从取水口的位置、取水方式、对水资源的影响、对水功能区的影响、对区域内其他用水户的影响、项目水资源保护措施等角度对水资源影响进行综合评估和论证，并出具专项水资源论证报告。编制水资源论证报告通常会综合考虑多年平均来水量、建设项目预计取水量、下游生态流量、其他取水用户的使用量等来评估申请的取水量的合理性。部分情况下我们亦委托第三方专业机构编制完井报告，对成井工程概况、抽水试验、机井允许开采量及水质评

---

① 农夫山泉.农夫山泉IPO招股书［R］,2020.
② 农夫山泉.农夫山泉IPO招股书［R］,2020.

价、地下水开发利用方案进行综合评估。①

究其原因,"钻井、安装水泵及铺设管道均属于取水方案的一部分。候选水源所在地取水许可证审批部门会组织专家对项目取水方案进行专家审评,包括取水量合理性等。候选水源地只有通过专家审评才能获得水源所在地相关部门向我们颁发的取水许可证。"

据招股书披露,一旦候选水源为矿泉水,农夫山泉还需按照相关要求,委托第三方专业机构编制矿泉水资源详查实施方案,对区域地质背景、详查工作方法和技术要求等进行调研并规范勘查要求。省级主管部门会对上述方案组织评审。只有在上述方案评审通过,并缴纳矿业权出让价款后,才可获得探矿权。对已经取得探矿权的候选水源,农夫山泉委托第三方专业机构编制矿泉水资源详查报告,对矿泉水水源地的自然地理条件、水源地水文地质条件、水源动态指标、水源水质、允许开采量、水源保护地建立等进行综合分析论证,并在获得专家评审通过后在省级自然资源部门登记备案。农夫山泉亦须委任第三方专业机构编制矿产资源开发利用方案、矿山地质环境保护与土地复垦方案以及环境影响评价报告,对如何利用矿泉水资源、如何保护矿泉水周边环境和土地利用进行具体规划。只有通过专家评审及政府相关部门审批才能最终获得采矿许可证。②

据招股书披露,只有在候选水源完成所有政府审批,获得取水许可证和采矿许可证(仅适用于矿泉水)时,该候选水源才能真正成为农夫山泉取水的水源。"除上述我们因委任第三方专业机构而向该机构支付的专业服务费,为获得探矿权而支付的矿业权出让价款(仅适

---

① 农夫山泉.农夫山泉IPO招股书[R],2020.
② 农夫山泉.农夫山泉IPO招股书[R],2020.

用于矿泉水），以及证照工本费外，我们无需就获得取水许可证和采矿许可证支付其他费用。于2017年、2018年、2019年以及截至2020年5月31日止五个月，我们为确定取水水源而委任第三方机构的费用分别为130万元、40万元、70万元及50万元。这些费用于往绩记录期间被直接录为行政开支。"①

由此可见，上述十大水源分布在全国各个不同区域，不仅能全面覆盖全国市场供应，并能有效缩短运输半径，有助于减少产品从生产线运送至货架的时间，控制物流开支，保障利润水平。

---

① 农夫山泉.农夫山泉IPO招股书［R］，2020.

第9章

注重产品装帧设计

第9章 注重产品装帧设计

任何行销活动的成功，必须以产品作为背书。你没有很好的产品，再好的行销活动，也无济于事。

我们始终认为，一个产品在概念设计时就应该看出它是不是好产品，而包装和推广只不过是锦上添花。如果产品本身不行，没有好的基因，那么再怎么包装和宣传，也无法很好地推往市场。

——农夫山泉创始人　钟睒睒

承载产品附加值

品牌包装除了保护产品、方便运输的功能价值以外，还承载了过去不曾拥有的产品附加值。纵观那些卓越的品牌，他们几乎都有一系列可圈可点的包装设计，农夫山泉也不例外。究其原因，在产品的溢价中，除了产品本身，其独特的外包装设计所能达到的效果不可小觑。

鉴于此，在外包装设计上，农夫山泉下了不少功夫。例如，农夫山泉的高端水产品瓶贴设计，不仅广受用户喜爱，还拿到了多项世界级设计大奖。在其产品设计前，明确了"让产品回归自然，向自然生态致敬"的设计理念。其产品的瓶贴设计，就直接结合了自然元素，深入水源地自然环境，挑选了具有当地特色的八组自然元素的事物，纯粹地展现自然之美。将水源地的雪花、海棠、蕨类植物、红松果实、马鹿、东北虎、秋沙鸭和鹗的八组动植物十分直观和具象地运用在瓶身中，并且以丝网印刷的方式印制到瓶身上，工艺的精湛也进一步提升了品牌的视觉冲击力和消费者的触感，与消费者进行有效的互动，让人充满遐想，并产生对自然的渴望。①

对此，钟睒睒曾说："我的团队是很优秀的团队。很多4A公司觉得农夫山泉起码有几十个人的团队，甚至上百人的团队。我可以告诉大家，我们的团队是最小的两位数。广告是怎么来的？广告本身是长期对产品的一种思考。广告不是想出来的，必须从制造产品前开始就已经有了观念，你才能创造出一个好的广告。这就是为什么农夫山泉

---

① 差异.农夫山泉品牌包装设计分析[EB/OL].

的产品和广告都是连在一起的。从产品开始基因已经在那里了，这就是公司的文化。"

在钟睒睒看来，文化不局限于营销推广中，需要融入整个流程中，才能设计出更有"颜值"的包装，才能更好地驱动当下"Z世代"的"流量"营销。

在"Z世代"，一切产品都在尽可能地追求个性化，包括产品包装。之所以要迎合"Z世代"的年轻消费群体，是因为中国14亿人的80%是由"Z世代""Y世代""X世代"和"婴儿潮"四个世代构成。梳理发现，四个世代是当下社会财富的主要创造者，其中"X世代"和"Y世代"消费者更是占了60%以上。[①]随着"Z世代"的强势崛起，各个行业都把营销的重点随之倾斜，他们也成为一个不可忽视的、潜在的、高价值族群。

这意味着"Z世代"在引领消费潮流方面正成为风向标。不仅如此，"Z世代"族群受到深度数字化和全球化的影响，海量信息通过社交媒体涌入，使个人情绪与审美、精神享受与满足在这一代人中得到空前的重视和肯定。其族群特点很明显：

（1）"Z世代"族群受教育程度是四个世代中最高的。

（2）"Z世代"族群的个性相对独立、对成功的定义也相对多元。"Z世代"族群是改革开放后出生的，物质生活相对丰富，且获得的信息渠道也相对更加多元。在购买决策中，更加信赖网络平台上的用户评分和素人测评，同时更愿意为自己的爱好和兴趣花费大量时间和金钱。[②]

---

① 陈茜.2023中国未来消费者报告：世代篇［EB/OL］.
② 陈茜.2023中国未来消费者报告：世代篇［EB/OL］.

（3）"Z世代"族群拥有自己的消费偏好。"Z世代"族群占总人口比例的17%，但其在食品及饮料上的消费力不断提升。根据尼尔森IQ调研数据，受访者中的"Z世代"是食品及饮料的中、重度消费者的占比达到90%及以上，且近半数的"Z世代"计划继续增加食饮花费。根据《观潮新消费》，在所有消费品类中，"Z世代"在吃与喝上的支出和频率相对较高，月均花费400~450元/人。"Z世代"喜欢探索新奇消费，具有高频高额大量购买食品饮料的特点。

（4）"Z世代"族群具有较强的猎奇心，对新潮食饮的新兴品类"尝鲜"欲更强。对于追求潮流、主张个性的"Z世代"而言，食品饮料正成为他们表达个性和价值主张的载体：以无糖饮料表达对健康生活方式的追求，以新兴品牌及口味表明对猎奇尝鲜的态度，以国潮饮品表现对本土文化的自信。"Z世代"在消费理念、消费需求、消费场域上的进化与迭代，为食品饮料品牌带来机遇与挑战。

（5）"Z世代"族群具有较强的审美观。根据尼尔森IQ调研数据，相比非"Z世代"，"Z世代"有明显的"颜控"倾向。在选购食品饮料产品时，"Z世代"比非"Z世代"人群更关注产品的包装外观。兴业证券认为，具备高颜值的包装设计和高流量的IP联名及冠名宣传的产品及品牌将会更快速地抢占饮料市场份额，吸引部分"Z世代"实现自我满足与社交满足，在激烈竞争中攫取一席之地。从软饮巨头来看，可口可乐、Monster等饮料品牌的产品设计逐渐推陈出新，以迎合年轻消费者的喜好。①

---

① 张博，王源.兴业证券：农夫山泉——以实力砥砺前行，蓄势腾飞正当时［R］.

注重产品装帧设计

在诸多产品中,农夫山泉的个性化包装更为醒目。对于农夫山泉的外包装设计,有学者认为是锦上添花:"农夫山泉当然不是一家设计公司,更不是一家广告公司。这些都是受众将自身感受进行具象化而产生的词语,表现了大家对其品牌的认可。在将产品做好的基础上,农夫山泉的设计绝对起到了锦上添花的作用,甚至倒推受众通过设计去与品牌和产品产生更多联系。对于企业来说,这是一种良性循环。同时也代表着企业只有重视品牌设计,发挥设计的价值,才能打造出一个有口皆碑的知名品牌。从具体操作层面来说,品牌设计在品牌建设工作中是品牌定位、品牌视觉和品牌传播三个部分的结合体。所以,做好这三部分的工作,就能够让设计发挥出它的巨大价值,助力你的品牌建设。"

如何体现农夫山泉品牌的价值,农夫山泉在包装设计上秉持着自己独特的理念:

1. 传达出自然与健康的概念

农夫山泉的包装设计始终向消费者传递"大自然的搬运工"这样自然与健康的产品理念。具体的做法比如:清新的蓝色作为主色调,代表着清澈的山泉水。

与此同时,在包装图案和图标设计中也融入山峦、瀑布、森林等自然元素,让消费者仿佛身临其境。例如,农夫山泉学生水和高端水的瓶贴设计。学生水的瓶贴设计上,以插画的形式进行设计,全部以自然元素进行夸张与重组，让大自然与现代人们的生活相互结合，区别于其他水产品的瓶贴设计，增加消费者的购买欲望。瓶贴中有青蛙、鹿、熊、狐狸、雪、树、花卉等元素。之所以选用这类自然元素，是因为结合了产品水源地的地理特征，并且将这些自然元素进行插画设计的拟人化处理，增强了自然与人的结合。从大自然中提取元素设计，更容易让人接受，并且寓意深刻又不失产品特性，使得产品包装与消费者之间产生了一种共鸣，抓住了消费者的消费心理，清晰明了地表达出人与自然之间的和谐与信任，相互作用和相互汲取。①

2. 崇尚简约与实用的包装设计风格

农夫山泉的外包装设计崇尚简约与实用的包装设计风格：一是简约的设计风格让消费者能直观地感受到纯净水的自然属性；二是简单实用的包装形状便于消费者携带；三是注重线条的柔和和曲线的美感；四是注重包装的质感和手感，使用高质量的材料和质感丰富的纹理。

（1）2011年，推出东方树叶，瓶身采用上圆下方的造型，取"天圆地方"之意。瓶画采用极具民间文化特色的剪纸艺术元素，整体复古而优雅，颇具设计感。

（2）2014年，农夫山泉推出打奶茶，瓶身设计来源于茶筅，以中国传统茶具为灵感，将核心生产工艺融入包装设计，别具一格。

（3）2016年，农夫山泉力量帝维他命水换"胶囊"新装，此时距离维他命水首次发布近6年时间。2020年，推出250ml小瓶装系列饮料，自带萌感，讨人喜欢。从造型上看，包装改变较大，更具特色。

---

① 差异.农夫山泉品牌包装设计分析［EB/OL］.

3.注重品牌的识别性和延续性

新颖的外包装设计，其意图还是为了让农夫山泉自身品牌具有识别性，即在众多的竞品中，快速地让消费者识别。与此同时，为了提升消费者的忠诚度和排他性，农夫山泉根据不同系列产品有针对性地做出一定的差异化设计，以满足特定消费者，尤其是"Z世代"族群的需求。

梳理发现，农夫山泉为了吸引年轻消费群体，更是跨界联名创新包装设计。具体的做法如下：

（1）容量规格持续迭代，瓶身设计时尚感强。1997年，农夫山泉推出4L红瓶天然水；1998年，推出550ml运动装；2002年，小包装380ml上市；2010年，产品包装全新升级，迎来了第二代"红瓶水"，并于2018年推出全新规格12L。至今，红瓶水的规格多样，从380ml到19L共拥有9种规格包装，契合不同的消费场景。

（2）采用单手即打开的运动瓶盖，为饮用者提供便利。标签设计四种图案分别代表长白山春夏秋冬四季，由英国著名插画师Brett Ryder创作而成，色彩丰富、充满想象力。[1]

（3）为迎合"Z世代"等年轻消费群体，农夫山泉通过多领域跨界合作，不断推出特别包装。

对此，美国社会趋势观察家詹姆斯·哈金（James Harkin）明确指出，在未来，社群经济将取代"将所有商品卖给所有人的策略"。在詹姆斯·哈金看来，中间市场是传统企业过去最为广阔的市场，即那些用户并不是传统企业最核心的用户，但是他们选择不多，而传统企业的产品又能勉强满足这部分消费者的需求。过去这部分消费者会成为

---

[1] 张博，王源.兴业证券：农夫山泉——以实力砥砺前行，蓄势腾飞正当时［R］.

传统企业的客户。这样的现状已经改变，同样的需求却被另一些竞争者更精准地满足。当传统企业的中间市场逐渐萎缩时，只有实现传统企业的产品生产与消费者之间的高精度匹配，才能拓展其产品销售。

钟睒睒说："我希望任何一个企业也好，创业者也好，建议人们都先去积累知识。如果你的知识能解决人类目前还没解决的问题，那我相信你能成功。人类的创造都是从点开始，不断有人在上面画点，就变成了圆，圆上面就成了科学。要打破圆，就要把圆画出去，画成椭圆，这就是一种创新。而人类的进步就是这样不断创新的过程。创新的代价和阻力是自己。创新也需要金钱和时间，没有时间的累积成不了经典。"

在钟睒睒看来，农夫山泉销售的不仅是水，更是产品外包装设计。农夫山泉推出的特别包装有：

①2017年，与网易云音乐联合推出限量款"乐瓶"，精选30多条乐评印制在4亿瓶矿泉水瓶身上，给每一瓶水都带上音乐与故事的属性，引发年轻消费者共鸣。

②2018年，农夫山泉又悄然在特通渠道推出了"火车瓶"，广受好评。

③2018年，联合故宫文化服务中心推出了9款限量版的"故宫瓶"，深受消费者喜爱。

4. 传递农夫山泉的生态与可持续发展理念

在外包装设计中，农夫山泉尽可能地传播出自身品牌对生态环境的关注和可持续发展的理念。具体体现在：

（1）在包装上尽可能采用可回收材料，减少对环境的负面影响。随着环保意识提升，全球不同行业（包括软饮料市场）减少使用塑料及其他不可循环再用包装物料已是大势所趋。多个国家已采取行动，通过颁布规例或推出相关计划减少单次使用的塑料。因此，占据领导地位的软饮料公司正努力改善原材料中塑料使用比例。

（2）在设计上可以加入一些有关环保的元素，如环保标志、可回收标志等。

5.传递品牌的价值观和文化内涵

在外包装设计上，农夫山泉通过形象、色彩、文字等元素传递自身的品牌价值观和文化内涵，尽可能让消费者产生共鸣。

农夫山泉水系列产品的包装设计，运用了大量的自然元素，使得产品更富有美感和文化附加值，进一步提升了产品的生命力。

第10章

深耕体育营销

大家听到商业炒作就认为这是一个贬义词。但我认为，如果一个企业不会炒作，那么就是"木乃伊"，你这个"木乃伊"必须趁早进入坟墓。但炒作不是夸张或者作秀，而是运用商业智慧的自我宣传。产品的质量内涵始终是任何企业长久发展的最终支撑点。

对于农夫山泉来讲，知名度就是生产力，就是价值。酒香绝对是怕巷子深的。选择适合你的才是你最想要的。企业在炒作过程中应该保持清醒的头脑，不能被商业炒作制造出的表面辉煌所迷惑，进而使自己的商业思维简单化，一味追求新闻效应。同时，还要注意扬长避短，在通过炒作获取巨大关注后，将这种关注内化为对企业品牌、价值观以及企业精神的认可，实现从知名度到美誉度的转化，这才是炒作的终极目的。

——农夫山泉创始人　钟睒睒

拉开体育营销的幕布

所谓体育营销,是指企业通过实物、资金、赞助等手段,同体育组织、体育赛事、体育活动、体育明星、体育平台等建立密切联系、获得相应市场权利,进而运用广告、公关、促销等营销手段,围绕企业目标和品牌定位进行的整合传播,建立独特品牌联想,从而有效地推进企业营销策略实施的过程。①

2022年10月,国际奥委会发布《北京冬奥会市场营销报告》。根据独立调研机构数据,全球有创纪录的20.1亿人通过广播电视和数字平台观看了2022年北京冬奥会,比4年前的平昌冬奥会观看人数增长5%。

钢铁侠体育创始人尹铁钢说:"体育营销是一种企业战略,是依托于体育赛事活动、体育媒体平台、体育明星运动员等资源,将产品与体育结合,借助他们传达企业品牌和产品信息,加强和目标消费者之间的联系,把体育文化与品牌文化相融合以形成特有企业文化的系统工程。体育营销具有持续性、系统性和文化性的特点。"

纵观农夫山泉的品牌推广历程,体育营销功不可没,主要在如下三方面发力:(1)借助体育赛事转播的电视广告提升企业知名度;(2)与体育相关的具有公益性的持续宣传活动;(3)赞助具体的体育赛事。

农夫山泉涉足体育的历史可追溯到1998年法国"世界杯"足球

---

① 秒针营销科学院,中国广告协会体育产业分会.2020泛体育营销白皮书[R].

赛，农夫山泉投下巨额费用现身中央电视台的黄金时段，其在世界杯期间推出的广告语——"喝农夫山泉，看98世界杯"深入人心。靠着大规模的广告轰炸和亿万观众的关注，农夫山泉迅速扩大品牌知名度，占据了营销的高地，被誉为饮用水行业的一匹黑马。

根据"央视国际"官网的披露，养生堂广告在中央电视台首次投放，是从1998年4月中旬开始，在CCTV-5体育频道中，先期播出"农夫山泉课堂片"。随后，钟睒睒把重头戏放在1998年6月10日至7月12日举行的全球亿万球迷瞩目的赛事——"1998法国世界杯足球赛"上。

在这段时间里，钟睒睒集中安排在中央电视台《世界杯专题》栏目中播放了"农夫山泉课堂片"的广告片——"上课的时候不要发出这种声音"。与此同时，农夫山泉在世界杯专题演播室频频亮相，以至于一些媒体都误认为农夫山泉出巨资赞助世界杯足球赛的现场转播。

事实上，钟睒睒巧借官方媒体的力量——最抢眼的中央电视台《世界杯专题》演播室，打造了一块最亮眼的广告背景板，并在演播台上放了两瓶引人注目的红色运动瓶盖的农夫山泉，品牌得到极大提升，迅速提高了知名度。农夫山泉的市场占有率从原来的十几位一跃上升到第三位，被业内人士称为1998世界杯足球赛的"大赢家"。

"1998法国世界杯足球赛"广告的旗开得胜，拉开了农夫山泉体育营销的幕布。随后，农夫山泉的身影出现在许多国内、国际大赛的赛事转播中。作为21世纪之初举世瞩目的重大体育赛事——2000年悉尼奥运会，钟睒睒自然不会错过。

为了更好地抓住悉尼奥运会的营销机会，钟睒睒与中国国家体育总局装备中心正式签订了战略合作协议，并专门推出农夫山泉"奥运装"。

与之同步的是，农夫山泉让"中国奥运代表团唯一指定用水"新闻更具有炒作性。农夫山泉与中国奥委会商定，以有奖竞猜的方式推出大型广告，以抽奖的方式让获奖者免费到澳大利亚观看奥运会，从而使农夫山泉的品牌实现跃升。

在这样的营销攻势下，各大电视台、广播电台和各大报纸等媒体纷纷刊载一组以"2000年悉尼奥运会，中国军团喝什么水"为主题的有奖竞猜广告。央视国际介绍了此次有奖竞猜的具体细节。

活动目的：通过有奖竞猜及相关炒作，大力宣传农夫山泉被选定为中国奥运代表团唯一指定用水，以此强化农夫山泉产品品质与品牌形象的差异性，以推动市场占有率，尤其是推动农夫山泉奥运装的顺利上市与快速拓展。

活动方式：在中央电视台推出活动标版，随后各地报纸同时刊出竞猜问卷，再配合多角度、多层面的宣传炒作，最大限度地吸引消费者参与，最后在中央电视台公开抽奖，公证产生10名获奖者免费赴悉尼观看奥运会，100名获奖者获得彩电（飞利浦公司赞助）。"悉尼缤纷"专题片的滚动播出。另外，还启动水与运动、水与健康的理性诉求，通过诸如趣味试验、知识抢答等形式，把农夫山泉的内在利益点展现给消费者。①

对于营销，尤其是奥运营销，钟睒睒直言："最好的营销就是事件营销。"其理由是："大家听到商业炒作就认为这是一个贬义词。炒作不是夸张或者作秀，而是运用商业智慧的自我宣传。产品的质量内涵始终是企业长久发展的最终支撑点。对于农夫山泉来讲，知名度就

---

① 央视国际.农夫山泉："冠军"的味道有点甜［EB/OL］.

是生产力，就是价值。酒香绝对是怕巷子深的。选择适合你的才是你最想要的。企业在炒作过程中应该保持清醒的头脑，不能被商业炒作制造出的表面辉煌所迷惑，进而使自己的商业思维简单化，一味追求新闻效应。同时，还要注意扬长避短，在通过炒作获取巨大关注后，将这种关注内化为对企业品牌、价值观以及企业精神的认可，实现从知名度到美誉度的转化，这才是炒作的终极目的。"

在钟睒睒看来，既然是广告营销，商业运作就是一条科学营销的路。在"2000年悉尼奥运会，中国军团喝什么水"的有奖竞猜中，尽管农夫山泉不是主办单位，但是真正受益的当然是"2000年悉尼奥运会中国体育代表团训练及比赛专用水"的生产厂家——农夫山泉。

有奖竞猜在中央电视台奥运专题节目《直通悉尼》中公开抽奖。数据显示，这次有奖竞猜活动收到全国各地的来信几十万封，75%以上选的都是农夫山泉天然水。

由于体育赛事有着特定的时效性，农夫山泉必然把营销重点投放在2000年悉尼奥运会的整个过程中。中央电视台播放的一个片子中的广告语是"冠军的味道有点甜"。水的广告打着"关心金牌从关心运动员开始"的旗帜，建议全国人民"为中国运动健儿选择一种天然、健康、安全的好水"。品牌隐于画外，重心落在运动员的健康上，很人性化。这种定位使一瓶普通的饮用水，演变为全国人民对奥运健儿共同的支持与祝福，具有了与众不同的健康活力。①

---

① 央视国际.农夫山泉："冠军"的味道有点甜[EB/OL].

把商业广告和公益广告合二为一

一般地，具体的体育赛事周期相对较短，但是其广告宣传针对性强，有利于提高企业的知名度。为了更好地提高体育赛事的广告效果，农夫山泉开展了一系列与体育有关的活动。

2001年，北京申办2008年奥运会已经成为举国关注的体育大事。作为曾经的媒体人，钟睒睒捕捉到提升农夫山泉品牌的机会。于是农夫山泉开展了"喝农夫山泉，为申奥捐一分钱"的宣传活动，此次活动长达7个月。对于此举，央视国际官网评价说："在赞助北京申奥的国内外知名企业中，一向把支持我国体育事业作为品牌识别且最早与中国奥委会建立伙伴关系的养生堂农夫山泉无疑是最大的赢家之一。"

不仅如此，钟睒睒把商业广告和公益广告合二为一，真正地把农夫山泉的品牌最大化地推广开来。在这期间，农夫山泉在中央电视台投放广告——"再小的力量也是一种支持""从现在起，买一瓶农夫山泉，你就为申奥捐出了一分钱"。

在广告中，农夫山泉把自身的品牌推广和人人参与奥运建设画上了等号。根据加州奇科州立大学马修·L.缪特教授（Matthew L.Meuter）和亚利桑那州立大学W.P.Carey商学院营销系服务领导力中心的PETsMART主席玛丽·乔·比特纳（Mary Jo Bitner）的研究发现，根据不同的行业，可以将顾客参与分为高度参与、中度参与和低度参与三个层次，见表10–1所示。

表10–1 顾客参与的三个层次

特　征	低度参与	中度参与	高度参与
顾客责任	顾客只需要出现在消费场所	顾客需要投入一定资源获得期望的服务	服务是由顾客主导而完成的
服务标准化程度	标准化生产的产品或服务	标准化生产的服务由于顾客的投入实现了部分定制化	顾客的积极参与能够决定服务的个性化程度
服务生产的完成方式	服务生产是面向大众而不考虑个体	服务生产需要考虑顾客的需求	若没有顾客的参与，将无法完成服务的生产
顾客的投入形式	顾客对服务生产的唯一投入就是付费	服务提供方需要提供服务，但服务的具体生产需要顾客提供信息和努力而实现	顾客投入具有一定的强制性，顾客与企业共同生产服务
举例	旅行、快餐馆、旅馆	理发、年度体检、全方位服务的餐厅	婚姻咨询、个人培训、减肥计划

与此同时，农夫山泉"聚沙成塔"的宣传理念，伴随着刘璇、孔令辉那颇具亲和力的笑脸，在申奥的日子里渗透在消费者与农夫山泉的互动中。随着主办城市投票鼓点的密集敲响，申奥气氛也一天天升高，站在申奥队列中的农夫山泉不知不觉成了一锅沸水。在半年多时间里，农夫山泉奥运装销售近5亿瓶，为上年同期销量的1倍。[①]

对此，学者袁安府撰文写道："不仅为北京申奥筹得了一笔巨额资金，同时这些来自千万双手的点滴凝聚，相比于企业的直接捐赠，就广告效果来讲取得了乘数效应。此项活动既为申奥注资，又为公民铺设了一条表达心愿和参与申奥的跑道，最后企业也在'善行'中提

---

① 央视国际.农夫山泉："冠军"的味道有点甜［EB/OL］.

升了品牌和效益。"①

正是通过一系列的营销推广强化其公益性，农夫山泉不仅提升了企业形象，还增加了品牌美誉度。2001年1—5月，农夫山泉销量已完成2000年全年销量的90%。一份来自商业信息中心对全国38个城市近2000家超市、商场的权威监测报表显示，农夫山泉天然水在瓶装饮用水城市市场占有率已跃居第一位。

钟睒睒重视体育营销的目的还是吸引更多顾客的注意。对于推广，钟睒睒有着自己独特的思路："任何行销活动的成功，必须以产品为背书。没有很好的产品，再好的行销活动也无意义。"

在钟睒睒看来，"好的管理者是具有将新事物、新思维与传统中和更新的能力。人的认知力是理性和理智的交融贯通，我们不是无所不能的人。天行健，君子以自强不息。自强不息才能保持企业生生不息。管理者要赋予企业生命，不单单只是说上两句鼓舞人心的话，要在商业秩序模糊的地带力求给出正直的方针。这条路并不好走，核心是追求效率及盈利，尽量扩大自己的资产价值，其立场必须是正确的"。

在农夫山泉与体育营销的碰撞中，效率及盈利也是钟睒睒所追求的。此后，农夫山泉在体育营销之路上不断探索：从赞助武汉网球公开赛，到成为中国男女篮官方赞助商；从连续多年活跃于国内各项马拉松赛事，到后来成为水上运动最高管理机构——FINA国际泳联的合作伙伴，再到连续为国家游泳队提供训练用水……

此外，农夫山泉和世界台球运动联盟合作，赞助了世界斯诺克大师赛、斯诺克英锦赛、斯诺克威尔士公开赛等赛事，让丁俊晖、

---

① 袁安府.体育凭借力　助企上云霄——从农夫山泉看企业如何开展体育营销[J].江苏商论，2004（07）：75-76.

傅家俊等中国选手在英国捧起熟悉的小红瓶；2018年，携手《奔跑中国》系列马拉松，为23站马拉松提供饮用水服务；2019年，农夫山泉正式成为国际泳联全球合作伙伴。农夫山泉对于体育事业的支持丰富了健康积极的品牌内涵，提升了民族品牌形象，进一步扩大了产品影响力。

2019年10月26日，中国游泳协会与国内知名水企农夫山泉战略合作签字仪式在杭州举行，农夫山泉成为2019年至2021年中国游泳协会官方合作伙伴、官方饮用水与功能饮料赞助商，以及国家跳水队、游泳队、花样游泳队官方饮用水和功能饮料供应商。

农夫山泉与中国泳协的合作是全方位的，不仅在国家队层面进行合作，更多的还在全民健身、全民游泳方面合作。农夫山泉希望在普及游泳、健康体质方面有更多的作为。

第11章

登陆港交所

第11章 登陆港交所

农夫山泉迟迟不上市，主要是因为从公司管理角度来说，上市之后财务和报表必须公开。对于一个现金流充裕的企业来说，上市融资需要公开自己的财务数据，把自己曝光在社会监督之下；对于企业家来说，如果企业不缺钱，企业家不急于变现或扩大市场投入获得资本的助力，那么根本不需要上市。

——农夫山泉创始人 钟睒睒

农夫山泉的上市需求

2020年3月17日,农夫山泉上市的消息再次引发关注。究其原因,中国证监会官网显示,农夫山泉境外首次公开发行股票,申请材料2020年3月17日已获得接收。

据《北京商报》披露,瓶装水毛利率高已经是业内公认的事实。这主要体现在原材料构成单一、生产工艺简单、保质期长。从成本构成来看,农夫山泉水、糖、果汁等原料占比仅为11.8%,瓶身PET、包装材料合计占比53.1%,制造费用及人工占比25%。而瓶装水由于原料仅为水,且基本没有化学工艺加工,保质期为1~2年,这意味着,瓶装水厂商及渠道基本不用担心渠道库存积压。①

不难看出,农夫山泉的毛利率不会影响其上市再迈进一步的事实。2020年7月31日,据证监会官网,证监会核准农夫山泉股份有限公司发行不超过13.8亿股境外上市外资股,每股面值人民币0.1元,全部为普通股。完成本次发行后,农夫山泉可到香港交易所主板上市。详情如下:

关于核准农夫山泉股份有限公司发行境外上市外资股及
境内未上市股份到境外上市的批复

农夫山泉股份有限公司:

你公司《关于首次公开发行境外上市外资股(H股)并在香港联

---

① 李振兴.不差钱的农夫山泉为何要上市[N].北京商报.

合交易所有限公司主板上市及申请参与H股"全流通"的申请报告》（农股〔2020〕16号）及相关文件收悉。根据《中华人民共和国证券法》《国务院关于股份有限公司境外募集股份及上市的特别规定》《H股公司境内未上市股份申请"全流通"业务指引》等有关规定，经审核，现批复如下：

一、核准你公司发行不超过13.8亿股境外上市外资股，每股面值人民币0.1元，全部为普通股。完成本次发行后，你公司可到香港交易所主板上市。

二、核准你公司股东养生堂有限公司等70名股东所持合计4588200000股境内未上市股份转为境外上市股份，相关股份完成转换后可在香港交易所上市。三、完成发行及境内未上市股份转登记后15个工作日内，你公司应将发行上市及在中国证券登记结算有限责任公司办理股份变动手续的情况书面报告我会。

四、本批复自核准之日起12个月内有效。

五、你公司在境外发行股票、股份转换以及相关股份上市过程中，应严格遵守境内外有关法律、法规和规则。

中国证监会
2020年7月24日

2020年9月8日，作为饮用水巨头的农夫山泉正式在香港交易所上市，股票代码09633，发行定价21.50港元。

然而，21.50港元的定价已经超过不少人的预估，因为水市场的股票常被看空。但是，农夫山泉的股价坚挺，却意外地得到投资者的热捧，原因如下：

1. 中国是全球最大的软饮料市场之一，其市场潜力巨大

根据弗若斯特沙利文报告，按零售额计算，2019年中国软饮料市场规模为9914亿元，从2014年至2019年复合年增长率为5.9%。

受城镇化进程加快、居民可支配收入增长等因素的推动，中国软饮料市场将持续增长。根据华经产业研究院发布的《2024—2030年中国果汁饮料行业市场全景分析及投资前景展望报告》，2023年，中国软饮料市场规模已达9092亿元。

2. 农夫山泉已经成为中国包装饮用水及饮料的龙头企业

经过20多年的打拼，农夫山泉已经成为中国包装饮用水及饮料的龙头企业，产品覆盖包装饮用水、茶饮料、功能饮料及果汁饮料等。农夫山泉多年保持中国包装饮用水市场占有率第一的地位。

鉴于此，农夫山泉的股价自然就被投资者看好。《每日经济新闻》报道："对农夫山泉的热捧远远不止于此，2020年9月8日，农夫山泉开盘股价一路飙升，截至9点14分，股价涨85.58%，达到39.90港元，总市值约4464亿港元。"

上市伊始，据《每日经济新闻》的披露，"农夫山泉实际控制人钟睒睒持有公司84.4%股份，即对应市值为3768亿港元，折合约486亿美元。此外，钟睒睒持有万泰生物74.23%股权，按2020年9月7日收盘价计算，钟睒睒的持股市值为634.4亿元，折合约92.88亿美元。钟睒睒身家由此超过579亿美元"。

农夫山泉上市的靴子终于落地。

此前，对于是否上市的问题，钟睒睒在2017年6月公开回应道："资本市场讲究需求与被需求，但农夫山泉现在没需求，因此不需要上市。"

这样的回应无法打消关注者以及媒体对农夫山泉上市的猜想。2017年11月,农夫山泉借壳乔治白上市的传言再度传开,引发农夫山泉上市步伐的热议。随后,新一轮的上市讨论再度被解读,2018年5月,农夫山泉和中信证券签署了上市辅导工作协议。

就在媒体都以为是板上钉钉的事情后,农夫山泉上市却遭遇坎坷。2019年1月12日,中国证监会浙江监管局发布《中信证券股份有限公司关于终止农夫山泉股份有限公司辅导的报告》显示,农夫山泉上市辅导在2018年12月终止。报告显示,2008年3月20日,中信证券与农夫山泉签署了《农夫山泉股份有限公司与中信证券股份有限公司首次公开发行股票合作框架协议》,并于2008年5月22日签署了《农夫山泉股份有限公司与中信证券股份有限公司首次公开发行股票辅导工作协议》。2018年12月29日,经双方友好协商一致,农夫山泉与中信证券签署了上述辅导协议的终止协议。

当时,农夫山泉对外回应说:"公司没有上市计划,且不需要借助资本市场的力量,因此终止上市辅导。"

农夫山泉上市之路暂时搁浅。然而,树欲静而风不止。2019年11月,"农夫山泉计划在香港进行10亿美元IPO,最早在明年上半年进行"的传闻再度传开,农夫山泉相关负责人对此次上市的传闻回应称:"不予置评。"似乎坐实了农夫山泉上市的引擎正开大马力全速前进。

虽然农夫山泉"不差钱",但是上市有着自己的盘算。中国食品产业分析师朱丹蓬表示,即使"不差钱",钟睒睒也不想把自己的积蓄全部投资于公司多元化的扩展。农夫山泉希望通过资本来撬动市场,以更小的风险获得更多的资源。

据招股书披露,养生堂是核心的控股型平台公司,钟睒睒持股98.38%,另外通过其全资控股的杭州友福持有1.62%股权,换言之,养生堂由钟睒睒100%控股。

上市的融资动因

在上市与否的争论中，我们先要明确企业上市的真正需求。一般来说，企业上市的原因有三个：第一，上市公司能够运用更多的融资工具，非上市公司无法做到；第二，上市公司可以通过其资本市场平台方便兼并和收购，无需动用太多现金，而非上市公司一般很难做到大规模的股权收购；第三，上市公司通过股权激励的方式可以招揽、留住更多优秀人才。

在《迈向新蓝筹——在上海证券交易所上市》宣传册中，上海证券交易所把企业上市的利好归纳为五个，见表11-1。

表11-1 企业上市的好处

（1）	丰富融资渠道，增强融资信誉	筹集资金迅速提升实力，做大做强；提高自身信用状况，享受低成本的融资便利；拥有更丰富的融资、再融资、快速扩张渠道
（2）	规范企业运营，吸引优秀人才	完善内部控制、规范治理结构以及完善各项管理制度，提高运营效率；利用股票期权等方式实现对员工和管理层的有效激励，有助于企业吸引优秀人才，增强企业的发展后劲
（3）	证明企业实力，提升企业形象	上市是对企业管理水平、发展前景、盈利能力的有力证明；可提高企业知名度，提升企业形象，扩大市场影响力
（4）	发现股票价值，增加其流动性	借助市场化评价机制发现企业股票的真实价值；增加股票流动性，是兑现投资资本、实现股权回报最大化的有效途径

续表

（5）	改善资本结构，提高抗风险度	企业建立直接融资平台，有利于提高企业自有资本比例，改善资本结构，提高自身抗风险能力

事实上，对于任何一个企业来说，是否上市通常有内部和外部两个原因。

1. 内部原因

对于绝大多数企业而言，上市无非是为了拓宽融资渠道，规范企业的经营行为，提升企业的知名度，达到做大做强的目的。

巨人创始人史玉柱认为，上市其实是为了管理更加规范。北京时间2007年11月1日晚九点半，巨人网络公司董事局主席兼首席执行官史玉柱在美国纽约证券交易所敲响上市钟，宣告巨人网络在美国成功上市。

媒体披露的资料显示，巨人网络上市发行价为15.5美元，融资8.87亿美元。当日开盘价18.25美元，随即攀升到19.1美元。

史玉柱在接受媒体采访时表示，巨人网络的上市，标志着中国本土网游的成功，标志着中国网游得到了世界的认可。

面对媒体的采访，东山再起的史玉柱此次赴美上市有着自己的考量。史玉柱说："纽交所是全球规模最大、历史最悠久的交易所之一，它的规则非常严，这和我们做百年老店的战略是相符的。"

其实，史玉柱赴美上市，其目的有以下三点：

（1）提升巨人的抗风险能力。在史玉柱看来，赴美上市更多的考虑是提升巨人的抗风险能力。史玉柱在接受采访时坦言："企业大了，首先考虑的不是利润，而是企业的安全……从企业安全的角度，企业也应该上市。如果我们回头看看，在这个行业里，很多企业已经走不下去了。上市公司抗波折的能力就高得多。在资本市场的支持下，企业有了强大的融资能力，抗风险能力自然会大大改善。"

（2）管理规范化。史玉柱说："上市使公司管理进入更为规范的阶段，以前是我一个人说了算，后来是公司的办公会议作决定，现在有了独立董事，管理会更加规范。上市通过法律等各种手段形成制约，相对来说，作出错误决策的可能性（大大）减少，董事会、股东大会等在组织安排上又多加了几道保护。"

（3）改变公众看法。史玉柱为了改变公众对自己的看法，其方法之一就是选择上市。史玉柱这样解释："（上市）把公司的规格提高了，在纽交所上市的公司从可信度等（方面）来说都是非常强的。跟一个公司做生意，上市的跟不上市的，肯定会相信上市公司。"

2. 外部原因

在"家族企业如何做到基业长青和永续经营"课堂上，一些研究者疑惑地问："周老师，您说有些地方政府为了推动企业上市，其出发点到底是政绩需要，还是企业实际发展需要？"

面对这样的问题，我都客观地评价地方政府的推力。

第一，解决企业融资难题。地方政府推动企业上市也是为了企业能够获得更多、更好的融资渠道，提升企业竞争力，同时也是解决当前民企，尤其是家族企业"融资难""融资贵"的问题。

第二，"政绩"需要。客观地讲，为了"政绩"，推动企业上市的初衷是要不得的。当然，激励一些发展较好、在行业里拥有较高优势的企业上市是应该倡导的，只不过，上市与否，其意愿取决于创业者。

纵观钟睒睒的经营，农夫山泉的上市动因还是在内部因素。与大多数企业一样，农夫山泉毛利率较高，且收入持续增长，其上市的动因还是因为融资。

（1）农夫山泉的负债率偏高

根据招股说明书的信息显示，2017-2019年，农夫山泉总负债分别为54.58亿元、65.34亿元和79.14亿元，资产负债率分别为32.83%、31.19%和44.47%。

（2）农夫山泉结构性存款减少34亿元，现金及银行结余减少6.81亿元

在接受媒体采访时，农夫山泉回应说："主要是由于农夫山泉在2019年提取了资金向股东支付了95.98亿元的股息。"

在前几年，农夫山泉也曾派息过，不过金额并不大。根据招说明书的数据显示，2017-2019年，农夫山泉累计净利润119.52亿元。2017年和2018年，农夫山泉分红金额均为3.67亿元，但在申请上市之前的2019年，农夫山泉曾突击分红95.98亿元。这也导致其结构性存款减少和现金及银行结余减少。

对于上市前突击分红的问题，经济学家宋清辉在接受媒体采访时分析："农夫山泉近三年派息总额接近三年利润，是农夫山泉背负高负债的主要原因。农夫山泉的高毛利率是行业普遍现象，而高分红则会受到证监会监管，而通过上市募集资金，从长远来看，可以解决其高负债问题。"

而香颂资本董事沈萌则说："企业在资本运作中，在上市前分红与上市融资并不矛盾也不违规，这样既向股东分配更多收益，又可以低成本融资。且对于传统产业而言，A股和港股上市标准也不允许无盈利能力的企业挂牌。"（编者注：2024年4月12日，《国务院关于加强监管防范风险推动资本市场高质量发展的若干意见》中，将上市前突击"清仓式"分红等情形纳入发行上市负面清单。）

(3)其他应付款项及应计费用增加

由于押金、员工工资、应付福利以及2019年末尚未结算的物流费用的增加,农夫山泉其他应付款项及应计费用增加2.51亿元。

农夫山泉招股书数据显示,2017年,农夫山泉应收款项周转天数为3.3天,2019年已经增长至4天,同时,应付款项及应付票据由2017年的40.9天减少至2019年的27.8天。农夫山泉称,"这种情况可能对我们的流动性产生不利影响"。

第12章

蝉联中国首富

第 12 章　蝉联中国首富

很多人会觉得我不合群。我这个人确实很自负,我一般不跟谈不拢的人多谈。但是我觉得我自己不孤单,我有我的圈子,我有自己的生活方式,我有我的朋友群。这是一个人的性格决定的,没有对错,只有适合不适合。

——农夫山泉创始人　钟睒睒

成为中国首富

缘于农夫山泉和万泰生物的相继上市,钟睒睒的个人财富大幅攀升,登上了中国百富榜首富,且持续多年。

所谓财富排行榜,是指通过对个人或企业财富进行综合评估,将其按照财富多少进行排名的榜单。美国《福布斯》资深编辑蔡斯·彼得森-维森(Chase Peterson-Withorn)在《福布斯美国400富豪榜40年:细数美国最富有人群的起落和变迁》中写道:"严格来说,《福布斯》第一次公布美国最富有群体的名单要追溯到1918年。当时的《福布斯》杂志创始人B.C.福布斯(B.C. Forbes)调查了华尔街的银行家,从而估算出了美国最富有的30个人。后来,自1982年以来,我们就一直全力关注这个话题,当时我们首次发布了'福布斯美国400富豪榜'。那一年,最富裕的400名美国人总共拥有920亿美元的资产。"

关于1982年"《福布斯》美国富豪榜"的上榜门槛,《福布斯》是这样介绍的,见表12-1。

表12-1 1982年"《福布斯》美国富豪榜"的上榜门槛

财富总额	920亿美元
上榜门槛	1亿美元
身家过十亿的富豪人数	13人
当年首富	丹尼尔·路德维希,身家20亿美元

《福布斯》杂志整理出这份榜单,源于《福布斯》自身的积累:"1982年9月,经过一年多的报道,以及在全国范围内进行的数千次

采访，福布斯美国400富豪榜首次进入了报刊亭。这是对美国的财富和权力前所未有的审视。上榜者当中有一些是老牌富豪，如洛克菲勒家族、梅隆家族和杜邦家族，同时也有财富新贵，如山姆·沃尔顿、史蒂夫·乔布斯和小野洋子等。"

在这份榜单中，首富丹尼尔·路德维希（Daniel Ludwig）涉足造船和房地产领域，资产达到20亿美元。

上榜的富豪，对于榜单态度各异：

（1）首富丹尼尔·路德维希对《福布斯》的排名拒绝置评。

（2）一些企业家如唐纳德·特朗普（Donald Trump）认为低估了自家的财富。

（3）一些企业家如媒体大亨马尔科姆·博格（Malcolm Borg）抱怨"《福布斯》美国400富豪榜"影响了自己的工作："美国每一个股票经纪人都给我打过电话。"

（4）一些企业家如媒体大亨唐纳德·雷诺兹（Donald Reynolds）对"《福布斯》美国400富豪榜"持积极态度："作为一个自负的老人，我简直被打动了。我从头到尾读了一遍，很期待下一篇。"

从1982年开始，《福布斯》正式发布统计美国富豪财富的排名。刚开始时，富豪榜名单只统计美国富豪，其后扩展到全世界。

随着全球化的发展，财富排行榜也逐渐在其他国家盛行。在中国，财富排行榜的出现可以追溯到改革开放后，随着市场经济的发展，越来越多的企业家开始在全球舞台崭露头角。

1999年，英国注册会计师胡润（Rupert Hoogewerf）把财富排行榜榜单模式在中国落地。

1970年，胡润出生于卢森堡。胡润与中国的结缘可以追溯到1988年。当时，18岁的胡润赴日本留学，首次踏上亚洲的土地。在日本留学期间，胡润接触到汉字，并开始对中国产生了浓厚的兴趣。胡润回国后就读于英国杜伦大学（Durham University）并选择了中文系，不久又留学中国人民大学学习汉语。胡润通晓德语、法语、卢森堡语、葡萄牙语等七种语言。

1997年，胡润到上海的安达信会计师事务所就职。1999年，胡润利用业余时间，查阅了100多份报纸杂志及上市公司的公告报表，凭着兴趣和职业特长，创立了中国第一份和国际接轨的财富排行榜——"胡润百富榜"。胡润希望通过有质量的榜单调研来记录中国财经的历史，他说："最成功的企业家们，他们的财富创造从何而来，可以代表中国当年经济情况，这就是我核心在做的。"

胡润为了让榜单更具公信力，被更多人熟知，第一时间去找有影响力的传播途径。当胡润回到英国后，给英国《金融时报》《经济学人》《商业周刊》《福布斯》等专业财经媒体发去传真，期望刊发这份榜单。

有着丰富榜单经验的《福布斯》选择与胡润合作。几年后，胡润与《福布斯》之间的合作发生了变化。2001年，胡润辞去了安达信的工作后，把名片上的职务改印为"《福布斯》杂志中国首席调研员"，并得到《福布斯》默许。随后，胡润把富豪榜的上榜人数扩充到了百人。

随着《福布斯》中国富豪排行榜日益受到社会关注，胡润以《福布斯》杂志中国首席调研员的身份频频亮相于媒体，出席各种社会活动，使不少企业家把胡润视为《福布斯》杂志在中国的唯一代言人。

于是，胡润提出以"福布斯"给自己的中文出版物冠名，但是遭到《福布斯》的拒绝。不仅如此，《福布斯》还发来法律函件，要求胡润停止使用"福布斯"的名称，并要求把未经授权的、已出版的出版物销毁。这份法律函件表明,《福布斯》彻底与胡润决裂。随后,《福布斯》高调宣布:《福布斯》将在中国设立办事处。

对于与《福布斯》的决裂,胡润也有所准备。据媒体披露,2002年下半年,胡润提前做好准备,在中国香港特别行政区注册了自己的公司——亚润智源,开始自己的富豪排行榜生涯。

2020年9月8日,当农夫山泉正式登陆港交所后,农夫山泉股价一度飙升85.35%,冲上39.85港元,总市值突破4400亿港元,不过随后涨幅回调明显。当日股价报收33.10港元,涨幅53.95%,市值为3703.30亿港元。事实上,钟睒睒的财富潜力已经释放出来。随后,在2021年、2022年、2023年、2024年,钟睒睒接连被评为中国首富。

2021年10月27日,胡润研究院发布《2021胡润百富榜》。农夫山泉67岁的钟睒睒,以3900亿元身家首次成为中国首富。

2022年11月8日,胡润研究院发布了《2022胡润百富榜》,1305位个人财富50亿元以上的企业家登上2022年胡润百富榜。农夫山泉68岁的浙商钟睒睒财富比2021年增长650亿元,以4550亿元第二次成为中国首富。

2023年10月24日,根据胡润研究院发布的《2023胡润百富榜》数据显示,钟睒睒凭借4500亿元的财富值,第三次成为中国首富。

2024年3月25日,胡润研究院发布了《2024胡润全球富豪榜》。农夫山泉"掌门人"钟睒睒以4500亿元的个人财富连续第四次成为中国首富,全球排名21位。

高光与低调

在商业财富的创造上，钟睒睒富甲一方，远远超过他的先辈，却始终保持异常的低调，原因可能如下：

1. 与钟睒睒的性格有关

相较于一些企业家经常高调出镜，频频登上热搜榜，钟睒睒很低调，很少参加企业家集体活动，也很少参加应酬或接受媒体采访。

钟睒睒在《浙江日报》化名为陈平的同事在接受《中国经济周刊》记者采访时说，钟睒睒做事不张扬，不喜欢凑热闹，"有点'理工男'的味道"。由于行事低调，且有几分耿直，钟睒睒素有商界"独狼"之称。①

对于"独狼"这个称号，钟睒睒本人并不讳言，甚至表示很喜欢："独狼就是有时候会孤独。这可能和做了多年记者有关系，过去的都是过眼烟云。"

在仅有的几次媒体采访中，钟睒睒说："很多人会觉得我不合群。我这个人确实很自负，不跟谈不拢的人多谈。但是我觉得我自己不孤单，我有我的圈子，我有自己的生活方式，我有我的朋友圈。这是一个人性格决定的，没有对错，只有适合不适合。"

当媒体记者问他，这样的性格有没有让他吃亏时，钟睒睒坦言："吃了太多的亏，从做水的第一天开始就吃亏，有很多委屈。"

---

① 陈一良.钟睒睒"一瓶水"造就新首富[J].中国经济周刊，2020（12）：102-103.

第12章 蝉联中国首富

即使遭遇委屈，依旧低调行事，关键的原因是怕被误解。当凤凰财经主持人以"大家都知道您很低调，很少接受媒体的采访，这一次您之所以选择愿意面对镜头是为什么"为提纲采访钟睒睒时，钟睒睒回答："因为真正静下心来做研究的企业家我想他们是不想多说的，任正非从来都不说。为什么任正非不说？他不是不想说，因为很多时候说了都是误解，报道出来的东西都不是你说出来的东西。不是我不想接受采访，我害怕被曲解，我希望能够有机会把我的观点亮给我的消费者和大家。"

在钟睒睒看来，保持低调的一个重要因素源于担心自己在接受采访的过程中被误解。钟睒睒低调到何种程度？即使农夫山泉上市，他也没有到现场敲钟。对此，《每日经济新闻》是这样披露的：

相比资本的热捧，媒体的热炒，农夫山泉依然坚持自身一贯的低调。没有上市敲钟，没有线上庆祝，甚至连自家官网、公众号、微博和抖音都没有相关的信息。

据接近农夫山泉的人士透露，创始人钟睒睒原本也没有敲钟计划，全公司上下也没有安排任何庆祝活动。早在2020年4月，农夫山泉的兄弟公司——万泰生物在A股上市。那一次，钟睒睒同样没有现身敲钟。时隔4个多月，农夫山泉登陆港交所。公司内部人员表示，钟睒睒和员工依旧忙碌地工作着，和其他日子几乎没有什么差别。

不过，在当日的公司视频号中，钟睒睒出现并致辞，整个视频不到一分钟。而这是多年来他少有地出现在公众视野里。①

---

① 沈溦.30余年低调"农夫"30分钟高光"首富"农夫山泉钟睒睒是如何"炼"成的？[N].每日经济新闻.

即使两家公司上市，钟睒睒依然保持着低调和"独狼"的形象。这样截然不同的做法让钟睒睒更添加了几分神秘。

一名曾长期在杭州消费类企业打拼的人介绍："不论是行业聚会，还是政府组织的活动，都很少看到农夫山泉的人参与。但农夫山泉的产品却始终不会缺位，不论是G20还是世界互联网大会这一类大型活动，都可以在显著的位置看到农夫山泉的产品。"

此外，钟睒睒不爱穿正装，不是特别正式场合一般都以毛衫配衬衣的便装形象出现。钟睒睒自言是一个独来独往的人，对自己的孤傲和自负毫不掩饰——"我就是一个独来独往的人，同行们在干什么、想什么，我不太关注。"

对于钟睒睒的狼性，一位曾经就职于农夫山泉业的高管在接受《南方周末》采访时说："我的理解，独是孤独，狼是好斗的狼性。"

钟睒睒独狼式的特立独行具体表现为按自己的思路处理事情。农夫山泉前高管章武（化名）说，虽然钟睒睒文化程度不高，但公司早期的文案，很多都是他自己写，现在的文案，也还是一点点地审。由于其太过强势的风格，不善于倾听，无法有效沟通，有时会出现一些低级的管理错误。[①]

20多年前，钟睒睒曾在一封信中剖析自己："以前太可怜了，可怜自己那种莫名其妙的自尊与清高，对所有商人都不屑一顾，这实在是太浅薄。商人中的能人才是真正的强人。"

对此，《南方周末》评价道："钟睒睒选择了做真正强人的从商道路，扎进了水行业，却不料走上的是一条毁誉参半、讥讽无数的坎途。"

---

① 吕明合.＂饿狼＂农夫，＂独狼＂钟睒睒［N］.南方周末.

2. 与浙商群体自身的特色有关

根据胡润研究院发布《2023衡昌烧坊·胡润百富榜》显示,从商帮来看,上榜企业家最多的一直以来是浙商和粤商,浙商包括温商、甬商、越商等,粤商包括潮商和客家商人等。最近十多年来,中国首富基本都是浙商。浙商的代表诸如丁磊、马云以及钟睒睒。

众多的浙商,拥有庞大的财富,但是依旧低调,主要原因有以下几点:

(1)刻意低调,公众知名度甚低。很多浙江商人有刻意保持低调的习惯,不喜欢见记者,不喜欢在公众面前曝光。许多浙商不愿意扬名立万,有的浙江企业年销售额达几亿元、几十亿元,竟然没有一篇个人专访,这在浙商之中较为普遍。

(2)不喜欢到公众场合露面。很多浙商不愿意到公众场合抛头露面,即使在一些人看来非常重要的场合,如企业的千万元捐赠仪式,浙商往往会派代表参加,等等。

(3)希望媒体更关注浙商的整体。2006年11月24日,浙商下一个20年风云对话主题论坛如期举行,400多名浙商济济一堂,共论发展大计。其后,东方网记者向主席台上的浙商提出了"浙商已经成为继晋商、徽商之后,中国历史上又一个时代性的大商帮。晋商、徽商的代表人物,已有不少被拍成影视作品。几十年后若有人想拍描写浙商传奇的电视剧,目前浙商中谁最适合作原型,作主角"这样一个问题。

面对东方网记者提出的问题,时任全国工商联副主席、中国光彩基金会理事长谢伯阳,杉杉集团(前)董事长郑永刚,美特斯邦威董事长周成建,中国银泰投资公司董事长沈国军,分众传媒董事局主席江南春,以及上海市浙江商会会长、复星集团董事长郭广昌等,浙江商人给出了一致的答案：浙商中谁也不会单独成为电视剧的主角，因为浙商的传统文化是"低调"，只有低调才能争取空间和时间，才能和谐发展。①

区域经济研究青年学者傅白水在接受媒体采访时坦言："低调产生的客观效应，使得人们更关注浙江民企的整体，而不是个别的老板与富豪。有了这样的舆论环境，浙江民企有充裕的精力专注于发展实业，而无外界过多干扰。少了一分浮躁，浙江老板沉下去踏踏实实地做实业——这恐怕也是浙商们的主观诉求。"

在傅白水看来，中国民营经济的发展进程中，"浙商"好比一个旗号，叫响大江南北。

在陈俊看来，浙江商人真正低调的原因还是同行抱团、互相取暖、扎堆经营："当今社会也有许多商人有违帮规行规，结果处处受到制约。他们就知道同行相克，以为天下的生意就他一个人做，以为天下的钱就他一个人挣，不知道同行相捧，更不知道义结江湖朋友，不抢同行盘中餐的道理。浙商做生意喜欢同行抱团、互相取暖、扎堆经营来形成一个商圈……你独自吹着不着边际的高调，只作自娱自乐，大家不同你玩，更不会同你手拉手、肩并肩走过急流险滩。"

由此可见，不管是个人原因，还是群体原因，钟睒睒低调的形象并不影响自身的经营。对于宣传，钟睒睒有自己的心得："什么叫主流？人多并不一定代表主流，不是说你掌握了话语权，你的声音大，你的声音多，你就是主流。真正的主流必须把握民意流动的方向。民

---

① 朱琪.浙商之中无主角　中国第一商帮高调谈低调［N］.东方时报.

意是流动的,你只有抓住这个动向,你才算抓住了主流。"

钟睒睒解释说:"农夫山泉依靠天、依靠人、依靠自然。自然的力量,人的力量,这都是农夫山泉依靠的。"

后记

钟睒睒的案桌上,摆着他最喜爱的收藏品——堂吉诃德的陶瓷像。只见堂吉诃德似乎在椅子上打着盹,右手却紧握着剑,左手按着一本摊开的书,仿佛随时准备跳起来朗诵、奔跑和战斗,这恰好映衬着农夫山泉慢跑和快冲的两种经营思考。①

经过20多年的发展,农夫山泉已经成为中国包装饮用水及饮料领域的龙头企业,致力于向消费者提供高质量的产品。

是什么原因造就了农夫山泉连续多年保持中国包装饮用水市场占有率第一的领导地位呢?

是什么样的策略让农夫山泉在茶饮料、功能饮料及果汁饮料的市场份额均居于中国市场前茅?

是什么样的战略规划在竞争激烈的市场压力下,几度问鼎中国首富?

诸多的疑问一一袭来。为了揭开农夫山泉的成长之谜,本书从翱翔商海、价值创新、产品双引擎、研发造就技术壁垒、经销网络深度下沉、传递品牌主张、赋能数字化、成本管控精细化、注重产品装帧

---

① 沈溦.30余年低调"农夫"30分钟高光"首富"农夫山泉钟睒睒是如何"炼"成的?[N].每日经济新闻.

设计、深耕体育营销、登陆港交所、蝉联中国首富等十二个角度来剖析钟睒睒的经营策略，以及钟睒睒在蓝海战略、差异化的产品战略、品牌塑造、营销管理、广告策略、成本管控、流程效率和数字化转型方面的具体措施。

在撰写过程中，作者力图保留三个特点：

（1）有温度。本书呈现创业史、发展史，筚路蓝缕与骄人业绩交相辉映。

（2）有深度。本书复盘了创始人从"深陷泥潭"到"独领风骚"过程中最为辛酸曲折的艰难决策时刻，以翔实的叙述还原一个真实的企业品牌故事。

（3）有匠心。本书挖掘农夫山泉品牌故事背后的匠人基因，助力更多的企业打造百年老店。

这里，感谢本书的标杆企业案例人钟睒睒，以及所有为本书提供第一手资料的人。

感谢改革开放以来的企业家。在本书的撰写过程中，作者引入大量企业家案例，让本书更加鲜活，不再局限在一个案例中。

感谢"财富商学院书系"的优秀人员，他们也参与了本书的前期策划、市场论证、资料收集、书稿校对、文字修改、图表制作等工作。

以下人员对本书的完成亦有贡献，在此一并感谢：周梅梅、吴旭芳、吴江龙、简再飞、周芝琴、吴抄男、赵丽蓉、周斌、周凤琴、周玲玲、周天刚、丁启维、汪洋、蒋建平、霍红建、赵立军、兰世辉、徐世明、周云成、丁应桥、金易、何庆、李嘉燕、陈德生、丁芸芸、徐思、李艾丽、李言，等等。

在撰写本书过程中，笔者参阅了相关资料，包括电视、图书、网络、视频、报纸、杂志等资料，所参考的文献，凡属专门引述的，我们尽可能地注明了出处，其他情况则在书后附注的"参考文献"中列出，在此向有关文献的作者表示衷心的谢意！如有疏漏之处，还请谅解。

  本书在撰写和出版过程中得到了许多教授、快消品专家、上百位智库专家、业内人士以及出版社编辑等的大力支持和热心帮助，在此表示衷心的谢意。

  由于时间仓促，书中纰漏难免，欢迎读者批评斧正。

周锡冰

2024年10月1日于财富书坊

参考文献

[1] 拨乱反正回正轨[N].人民政协报，2021-07-01.

[2] 陈君玉.走向差异化营销[J].中国商贸，2001（16）：38-39.

[3] 陈抗."独狼"钟睒睒不再低调[J].浙商，2020：68-72.

[4] 费孝通.乡土中国[M].北京：北京出版社，2004：30-31.

[5] 蒯乐昊.钟睒睒签了生死状的救灾企业家[J].南方人物周刊，2008（17）：62-63.

[6] 兰翎.农夫山泉信息化之路[J].IT时代周刊，2009（08）：76-77.

[7] 刘黎明.祠堂·灵牌，家谱——中国传统血缘亲族习俗[M].成都：四川人民出版社，1993：02-02.

[8] 刘炜祺.钟睒睒高调创业，低调做首富[J].中国企业家，2022（12）：67-68.

[9] 刘显焜.平等对话——强调沟通的教育[J].科教导刊，2019（08）：158-159.

[10] 陆远权.基于农夫山泉的品牌定位管理研究[J].安徽农业科学，2010（35）：70-72.

[11]［美］彼得·德鲁克著，王永贵译.管理：使命、责任、实务（使命篇）[M].北京：机械工业出版社，2009：57-58.

[12][美]理查德·鲁梅尔特著；蒋宗强译.好战略，坏战略[M].北京：中信出版社，2012.

[13][美]迈克尔·波特，陈丽芳译.竞争战略[M].北京：中信出版社，2014

[14]农夫山泉利用JDA软件实现库存与季节性需求波动相匹配[J].物流技术与应用，2015（08）：143-143.

[15]潘丹.浙派印人钟权及他的后人们[N].诸暨日报，2021-11-25.

[16]钱蕾.李书福讲述创业故事：感知大势才能研判未来[N].第一财经日报，2013-11-15.

[17]屈丽丽.农夫山泉：关于"水"的战争[N].中国经营报，2020-09-19.

[18]王新业.钟睒睒："眼球经济"的企业家[J].中外食品，2012（04）：46-47.

[19]王平玉.农夫山泉的市场定位策略[J].知识经济，2014（20）：105-105.

[20]温济聪.经济日报专访钟睒睒：高调的产品，低调的创始人[N].经济日报，2020-09-27.

[21]肖小光.农夫山泉的差异化营销[J].企业改革与管理，2003（11）：28-29.

[22]袁安府.体育凭借力　助企上云霄——从农夫山泉看企业如何开展体育营销[J].江苏商论，2004（07）：75-76.

[23]章卉，杨颜菲.B面钟睒睒　记者出身的"独狼"老板[N].浙江日报，2020-09-08.

[24]张文宏，雷开春.城市白领新移民研究[M].北京：社会

科学文献出版社，2017：109-124.

［25］中国营养学会.中国居民膳食指南2016［M］.北京：人民卫生出版社，2017.

［26］宗何，梅芷."独狼"钟睒睒［J］.市场营销案例，2010（06）：49-53.

［27］钟睒睒.农夫山泉钟睒睒：我是一个独来独往的人［J］.商界：评论，2022（11）：76-83.